広告表示の
法的規制と
実務対応 Q&A

結城哲彦 編著

中央経済社

はしがき

　自由競争の社会においては，商品やサービスの価格や品質による競争のみならず，広告宣伝次第で競争の優劣が決まる傾向もあり，このため，「広告」の表示や表現は，残念ながら誇張的・欺瞞的に陥りやすい性質を有しています。したがって，何の規制もせずこれを放置しておくと，消費者が商品やサービスの選択を誤り，損害を受けるだけではなく，市場における公正な競争が歪められることになります。他方，消費者が，店舗で商品を手に取り，その感触を確かめてから商品を選択するオーソドックスな購入スタイルから，アマゾンを例に挙げるまでもなく，インターネットからの情報・電子広告など中間情報に基づいて商品を選択し，現物を確認せずに「購入ボタン」をクリックして商品の購入を済ませる時代が到来しているという事実を見逃すことはできません。しかも，競争がますます激しさを増しつつある状況を考慮に入れると，消費者に対して真実の情報を十分に提供する条件を整備し，これを前提に，広告表示の規制を強化することには，それ相応の社会的背景と必然性があるということができます。

　一方，広告取引に登場する関係者は，①広告主，②消費者（広告を受け取る者），③媒体会社（広告媒体を所有・管理する者）および④広告会社（広告代理店，広告を製作する者で，協力会社を含む）の4者に要約されますが，①と②の関係については，契約による規制が及びません。このため，この両者の間を適正に規律するには，個別の法律その他のルールによるほかありません。このような背景から登場したのが景品表示法です。この法律は，公の秩序の維持と消費者の保護の視点から，虚偽・誇大な不当表示の規制を基本としています。

　しかし，すでに指摘したように，広告表示を通じた消費者への十分な情報開示がますます重要性を増していることを考慮すれば，不当表示の規制だけでは不十分であり，虚偽・誇大であるか否かを問わず，「一定の広告表示や表現を

義務づける」規制も必要になり，広告表示に関する規制の体系が，何重にも錯綜した複雑な構造になっています。このため，この錯綜した複雑な体系を把握・理解することは，広告業界の関係者，特に消費者にとっては「難解」というよりは，むしろ「不可解」に近いと思われます。

　以上のような問題意識から，広告表示規制をわかりやすく説明した手頃なガイドブックにすることを目標に，本書では，広告論および広告規制全般に関する「**基礎編**」の部分を最小限にとどめ，広告規制に関する素材の中から，組織や個人が広告制作の過程で実際に遭遇しそうな題材を選び，それらを体系化・類型化した「**実践編**」（Q&A）に多くの紙数を充てています。実務編では「何が問題点であり，そのリスクを回避するためには，実務上どのような対応をすればよいか」という論点を中心にして要点をまとめました。また，一歩進んで，専門的に研究や学習を企図される方のために，各Q&Aの末尾に，参照すべき行政機関の通達，指導基準，官民の合作である公正競争規約，純粋な業界の自主的な基準等をまとめて列挙するとともに，「お勧め参考文献」や「参考判例」を記しています。このような工夫が，広告ビジネスに関係ある企業や組織に属する人々にとどまらず，消費者全般の広告規制に対する理解の促進に役立ち，また，企業や組織において，広告表示規制をめぐるトラブルの発生防止や事後処理のための一助になれば幸いです。

　なお，本書における意見にわたる部分は，あくまでも執筆者個人の見解であって，所属している企業や組織とはまったく無関係であることをあらかじめお断りしておきます。

　最後になりましたが，本書の出版につきましては，企画の段階から完成に至るまでの間，いろいろな面において中央経済社の末永芳奈様に大変お世話になりました。そのことをここに記し，執筆者を代表して厚くお礼申し上げます。

　2019年6月

編著者　結城　哲彦

目　次

第Ⅰ部　広告表示の法的規制【基礎編】

1　マーケティングと広告 —————————— 2

(1) マーケティングとは ……………………………………… 2
(2) 広告とは ……………………………………………………… 2
(3) 表示とは ……………………………………………………… 3
(4) 広告と表示の関係 ………………………………………… 4
(5) 本書での扱い ………………………………………………… 5

2　広告表示の規制 —————————————— 6

(1) なぜ広告表示規制が必要か（その根拠）……………… 6
(2) 広告表示規制の構成 ……………………………………… 6
(3) 三層構造になっている理由 ……………………………… 7
(4) 規制対象となる広告表示 ………………………………… 7
(5) 広告の発信者に求められるリスクマネジメント ……… 8

3　景品表示法による規制 —————————— 9

(1) 優良誤認表示 ………………………………………………… 9
(2) 有利誤認表示 ………………………………………………… 9
(3) 誤認されるおそれのある表示で，内閣総理大臣が指定するもの‥10
(4) 不実証広告規制 …………………………………………… 10
(5) 措置命令 ……………………………………………………… 11
(6) 課徴金制度 …………………………………………………… 12

(7) 景品表示法以外の法による規制との関係 ……………………12

4 公正競争規約および主務官庁の解釈基準・通達等 — 13

(1) 公正競争規約 …………………………………………13
(2) 主務官庁の解釈基準・ガイドライン・指針・通達，告示等 ……13

5 業界団体による自主規制基準 ——————————— 14

(1) 意　義 …………………………………………………14
(2) 具体例 …………………………………………………14

6 広告の種類 ————————————————— 14

(1) 分　類 …………………………………………………14
(2) 本書における広告へのアプローチ ……………………15

7 広告責任 —————————————————— 15

(1) 広告主の広告責任 ……………………………………15
(2) 詐欺的広告に関与した媒体の法的責任 ………………15
　① 新聞社の広告責任（日本コーポ分譲マンション広告事件）……16
　② 雑誌社の広告責任（ニュー共済ファミリー損害賠償請求事件）
　　 …………………………………………………………16
　③ テレビ局の広告責任 …………………………………17
　④ プロバイダー/プラットフォーマーの広告責任 ………17
　⑤ 出演タレントの広告責任（原野商法タレント事件）…………17
(3) 適格消費者団体による訴訟（クロレラチラシ配布差止等請求事件）
　 …………………………………………………………18

目　次

8 **海外主要国における広告規制** ———————— 19

参考1

広告表示に関する公正競争規約一覧 ·············· 20

参考2

業界団体による自主規制基準一覧 ··············· 23

参考3

広告の種類 ····························· 25

【基礎編に関するお勧め参考文献】 ················ 27

第Ⅱ部 広告表示の法的規制【Q&A】

§1 **消費者保護**

医薬品・医療機器等の分野

Q1　医師や美容師による推薦広告 ·············· 30

Q2　医薬品等の誇大広告 ··················· 33

Q3　使用体験を利用した健康食品のテレビCM ········· 36

Q4　化粧品の広告における「シワが消える」という表示 ····· 39

Q5　病院および薬局の広告規制 ················ 42

Q6　医療機器（整水器）の広告表示 ·············· 45

Q7　エステティックに関する広告表示の規制 ·········· 48

Q8　手技による医療類似行為の広告規制 ············ 51

Q9　通信販売における「全額返金」 ·············· 54

Q10　訪問販売に関する規制 ·················· 57

Q11　重要事項の不実告知および不利益事項の不告知 ······· 60

Ⅲ

食品関連の分野

Q12 特定保健用食品 ·· 63

Q13 栄養機能食品 ·· 66

Q14 栄養成分または熱量の表示 ································· 68

Q15 消費期限・賞味期限 ··· 71

Q16 アレルギー物質の表示 ······································ 74

Q17 「有機」や「オーガニック」の表示 ·················· 77

Q18 バイブル本による広告表示の規制 ····················· 79

§2 公正競争・景品表示等の分野

Q19 比較広告 ··· 82

Q20 表示上の欠陥や説明不足による製造物責任 ·········· 85

Q21 商品広告 ··· 88

Q22 おとり広告 ·· 91

Q23 食品にかかる産地情報 ······································ 94

Q24 原産国の不当表示 ·· 98

Q25 徒歩による最寄り駅からの所要時間 ················· 101

Q26 「天然」,「自然」,「純正」という表示 ············· 103

Q27 果汁飲料水 ··· 106

Q28 「最高級」という表現 ······································ 109

Q29 屋外広告 ··· 112

Q30 合格者数の水増し表示 ····································· 115

Q31 過大包装 ··· 118

Q32 二重価格表示 ·· 121

Q33 強調表示と打消し表示 ····································· 124

Q34 食材偽装表示 ·· 127

Q35 景品提供に係る規制 ·· 130

		目　次

Q36　価格表示の間違い ……………………………… 135

Q37　求人広告 ………………………………………… 138

§3　知的財産権の保護

Q38　肖像権 …………………………………………… 141

Q39　パブリシティ権 ………………………………… 144

Q40　物のパブリシティ権…………………………… 147

Q41　背景素材としての他社ブランド使用 ………… 150

Q42　屋外に設置された美術の著作物 ……………… 153

Q43　著名な建築物 …………………………………… 156

Q44　新聞や雑誌の記事の利用 ……………………… 159

Q45　オリンピックの呼称…………………………… 161

Q46　キャッチコピー，ボディコピー，ロゴタイプ………… 164

Q47　キャラクター …………………………………… 167

Q48　商品化権 ………………………………………… 170

Q49　パロディ ………………………………………… 173

Q50　広告自体の著作者と著作権 …………………… 176

Q51　ロゴ等の使用と広告の関係 …………………… 179

Q52　広告表示と特許権 ……………………………… 183

§4　特定業種・分野における規制

Q53　貸金業の広告規制 ……………………………… 186

Q54　士業の広告規制 ………………………………… 189

Q55　「学校」という名称の使用 …………………… 193

Q56　パチンコの広告規制…………………………… 196

Q57　たばこの広告規制 ……………………………… 199

Q58　アルコール飲料のテレビCM………………… 202

§5 情報化社会への対応

Q59 アフィリエイト広告 …………………………………………… 206

Q60 ターゲティング広告 ……………………………………………… 210

Q61 メール広告 ……………………………………………………… 213

Q62 インターネット・オークション ……………………………… 217

Q63 ステルスマーケティングの規制 ……………………………… 220

Q64 インターネット上のショッピングモールにおける広告 ····· 223

Q65 広告表示規制とリスクマネジメント ………………………… 227

お勧め参考文献一覧　231

索　引　233

広告表示の法的規制

【基礎編】

　広告の表示やその方法は，社会や経済の動きに連動しており，その運用や管理に絶対的なものは存在しません。また，情報化社会（デジタル化と通信技術の融合，AIの登場など）の到来により，消費者が，商品の現物に触れずに，広告表示のみで商品の選択・購入を決断する場面がさらに一般化しつつあります。つまり，情報化社会の特性の1つである「直接性（ダイレクト）」が，ここに具現化しています。

　こうした背景の中で，実際よりも良く見せかけるような広告表示（不当表示）を野放しにしておけば，消費者は，それにつられて，質の良くない商品やサービスを選択・購入する危険にさらされることになります。したがって，広告の倫理性が重要性を増し，また，これを踏まえた広告表示の規制を適切に行うことが，「消費者の保護」や「企業間の公正な競争」を確保するために必要となります。

　この視点に基づき，本書では，広告やその表示の発信者の立場から，広告表示におけるリスクマネジメント，すなわちリスクへの実務対応はどうあるべきかについて検討することを目的にしています。

　この基礎編では，広告論一般についての検討は最小限にとどめ，広告表示の規制におけるリスク対応の実践に必要な事項に的を絞って概観します。

第Ⅰ部　広告表示の法的規制　基礎編

1　マーケティングと広告

(1)　マーケティングとは

　マーケティングとは，企業（公共団体，学校，病院などの非営利の事業体を含みます）が外部環境に向けて行う活動の1つです。企業活動は，①生産志向（企業の生産体制や製品性能を優先する考え方），②販売志向（販売事情を優先する考え方），③顧客志向（顧客のニーズを満たす製品を開発して提供することを重視する考え方），④社会的責任志向（環境問題をはじめとして，企業の社会的責任を重視する考え方）などの理念を基礎として展開されていますが，マーケティングは，一言でいえば「顧客志向」（customer-oriented）の理念に基づく活動であり，具体的には，製品・サービス（役務）の開発，価格設定，販売政策，販売，広告宣伝，パブリック・リレーションズ（PR）などを計画し実行する活動のことです。顧客は，「購入と消費」を介して企業と長くつながりを持つ存在ですから，顧客との関係をどのように取り扱うかは，自由競争の下における企業活動にとって，ますます重要になっています。

(2)　広告とは

　広告とは，マーケティング活動の一環を担うものとして，企業によっていろいろな場面で行われています。しかし，この活動を，①広告を発信する側から広告をとらえる考え方（効率性・効果性，広告クリエイティブ，広告ビジネスなど），②顧客である消費者の側から広告をとらえる考え方（広告と購買，広告と消費など），③社会制度の視点から広告をとらえる考え方（市場と広告，社会と広告など）によって，その定義に差があります。ここでは，**上記①の立場**から，広告とは，「その情報の送り手が，その受け手である消費者に対し，商品・サービスの知名度を高め，その特性を理解させ，消費者の購買意欲を高めること（プロモーション）を目的とした，媒体を介した表現物（クリエイティブ）によって行う，有料のコミュニケーション活動」と定義することにし

ます。つまり，広告は，①情報の送り手（広告主），②その受け手（顧客である消費者），③プロモーション（販売促進）目的，④媒体，⑤有料のコミュニケーション，という5つの要素によって構成されていることになります。

このように，広告の多くは，消費者に対し，商品やサービスの知名度を高め，その特性を理解させることによって，消費者の購買意欲を高めようとするものです。この意味において，広告は商品やサービスについて**限られた情報を提供**するものであり，消費者の商品等の選択・購買との関係でいえば，**中間的な情報の提供機能**を果たすものです。

ちなみに，「広告」という用語が，「宣伝」や「PR」と同義に用いられることがありますが，「宣伝」は，商業的な宣伝だけでなく，政治的・宗教的な宣伝も広く包含する概念であり，商業的に用いる場合には，通常「**広告宣伝**」または「**宣伝広告**」の形で使用されます。また，「PR」は，本来，企業の利害関係者（ステーク・ホルダー）との信頼関係を構築するためのコミュニケーション活動のことであり，「広告」というよりは，企業の「**広報活動**」を意味します。さらに，短期的に集中して行われる広告を「**キャンペーン**」と称して，「宣言広告」や「**販売促進**」と同義に用いることがあります。キャンペーンは，本来は，特定の目的のために，一定期間，集中して行うコミュニケーション活動を意味しています。

(3) 表示とは

表示の定義に関する基本を定めている景品表示法2条4項に基づく定義告示（「不当景品類及び不当表示防止法第2条の規定により景品類及び表示を指定する件」（昭和37年6月30日公正取引委員会告示第3号，改正 平成10年12月25日公正取引委員会告示第20号，平成21年8月28日公正取引委員会告示第13号）の2項は，「広告その他の表示」のうちの以下のものを規制対象と定めています。これは，不正競争防止法（2条1項）における「商品表示」，「営業表示」，「役務表示」，「企業表示」などの概念に近いものと思われます。

第Ⅰ部　広告表示の法的規制　基礎編

> ①　商品，容器または包装による広告その他の表示およびこれに添付した物による広告その他の表示
> ②　見本，チラシ，パンフレット，商品説明その他これに類似する物による広告その他の表示（ダイレクトメール，ファクシミリ等によるものを含む）および口頭による広告または表示（電話によるものを含む）
> ③　ポスター，看板（プラカードおよび建物または電車，自動車等に記載されたものを含む），ネオン・サイン，アドバルーン，その他これに類似する物による広告および陳列物または実演による広告
> ④　新聞紙，雑誌，その他の出版物，放送（有線電気通信設備または拡声器による放送を含む），映写，演劇または電光による広告
> ⑤　情報処理の用に供する機器による広告その他の表示（インターネット，パソコン通信等によるものを含む）

　以上のように，「広告」も「表示」の一部であるとみなされ，また，およそ事業者である企業が顧客である消費者を誘引するために用いる表現は，すべて含まれる広範な内容の規定になっています。

⑷　広告と表示の関係

　上記⑶で述べたように，広告の基本法規ともいうべき景品表示法上の「表示」は広く解釈され，**広告も表示の一部**とみなされています（2条4項）。
　しかし，両者は本来，別の概念です。**表示**とは，通常，商品やサービスそのものになされ，消費者が商品等を選択・使用する上で不可欠なすべての最終的な情報（名称，品質，内容量，取扱方法，取引条件等）の提供機能を果たすものです。つまり，消費者たる需要者の使用・選択との関係から見れば，**広告は，中間的な情報としての機能**を果たすものであり，必ずしも表示と同様な具体的内容をすべて備えている必要はありません。広告を見た消費者の購買意欲を誘引するものであれば，広告はその役割を十分果たすことになります。
　また，店頭での販売において，消費者は，広告の内容にかかわらず，商品の現物に触れ，その内容を確かめてから購入するか否かの意思決定をしてきまし

た。このように，商品における表示と広告の役割は区分され，それぞれ機能してきました。

しかし，インターネット社会へのパラダイムシフトにより，消費者たる需要者が，現物に直に触れずに，広告という中間情報によって，商品を選択・購入する最終的な判断を行う取引形態が一般化しつつあります。この事実は，テレビショッピングの普遍化，さらにはアマゾンなどの電子店舗やアフィリエイト広告を介した商品の購入などを想起すれば容易に理解できます。言い換えれば，「広告」と「表示」の区別は，事実上なくなり，両者の一体化・融合が急速に進展し，現実には，「広告」＝「表示」になりつつあります。

規制の視点から見た場合でも，両者の間には，微妙な違いがあります。すなわち，**表示の場合**には，虚偽，誇大な表現が規制されるだけでなく，商品・サービスの性格に応じて，すべての必要な事項の積極的・具体的な表示が義務づけられます。これに対して，**広告の場合**には，表示と同様の具体的事項をすべて具備する必要はなく，基本的には，「虚偽」と「誇大」な表示・表現を規制すれば足ります。もっとも，すでに指摘したように，広告と表示の区別が事実上なくなり，広告が消費者に密着している現状を考慮すれば，広告の実務においては，消費者にとって必要かつ有益な情報を，店舗における販売以上に適切に提供するよう努力する必要があります。

(5) 本書での扱い

以下，本書では，特に断らない限り，「広告」と「表示」の概念は，次のように使い分けることとします。

---

① 広告：広告媒体を介して，「広告」本来の概念を表現する場合に用いる。
② 表示：商品・サービスそのものの容器・包装等に，その内容・性質等を表記または説明する場合の概念として用いる。
③ 広告表示：「広告」と「表示」の両者の混合概念を表現する場合に用いる。

第Ⅰ部 広告表示の法的規制 基礎編

2 広告表示の規制

(1) なぜ広告表示規制が必要か（その根拠）

　一言で表現すれば，広告表示の規制は，公正な競争を維持し，消費者を保護するために必要です。

　広告取引に登場する関係者は，①広告主，②消費者（広告を受け取る者），③広告媒体会社（広告媒体を所有・管理する者）および④広告会社（広告代理店，広告を製作する者で，協力会社を含みます）の4者に要約されますが，①と②の関係については，契約による規制が及びません。このため，両者の間を適正に規律するには，法律その他のルールによるほかありません。

　一方，広告活動に使われている年間広告費（2018年度）は，年間6兆5,300億円（推計，電通2019年2月28日ニュースリリース）とのことですが，自由競争の社会においては，商品の価格や品質による競争のみではなく，広告宣伝次第で，競争の優劣が決まる傾向があることも否定できません。このため，「広告」の表示や表現が誇張的・欺瞞的になりやすい性質を有しています。したがって，何の規制もせずこれを放置しておくと，消費者が選択を誤り，損害を受けるだけではなく，市場における適正な競争が歪められることになります。このことは，公の秩序の維持という面からも望ましくありません。特に，インターネット社会の進展に伴い，消費者が，現物に触れず，「広告」という中間情報に基づいて商品を選択・購入するという時代の変化を考慮に入れると，広告表示の規制強化を必要としている社会的背景があるということができます。

(2) 広告表示規制の構成

　日本の広告規制は，以下の3つによる三層構造で構成され，それらが互いに補完しあっています。

6

2 広告表示の規制

① 法律，政令，省令

国の定める法令。例えば，景品表示法，消費者基本法，民法，不正競争防止法，著作権法，商標法などのいわゆる「広告六法」（「広告法」という名の統一法は存在しません。規制法規は，200以上に達するともいわれています）。

② 公的基準等（主務官庁の各種のガイドライン（告示）・各種基準・通達および公正競争規約）

公正競争規約は自主規制の一種ですが，公正取引委員会および消費者庁の認定を受けたもの（本書では，その公的性質を考慮して，公正競争規約を「**公的基準等**」に含めて取り扱うこととします）。

③ 業界の自主基準

業界団体等による自主規制（広告倫理に由来するもの）。

(3) 三層構造になっている理由

広告表示の世界では，広告主，広告媒体会社，広告会社（広告代理店，広告制作会社）などの相互依存関係にある立場の関係者が，同一の舞台で事業活動を行っています。業界ごとにビジネス慣行も異なるため，いろいろな側面からの規制とそれに対する合理的な対応が必要となり，法律による一律な規制が，必ずしも常に合理的であるとは限らず，自主規制に適した領域が広いといえます。その結果として，規制は多層構造にならざるを得ません。しかし，それぞれは，通常，縦割りの枠内で論じられており，例えば，法律上の規制を業界の自主規制との関連で論じているものは，ほとんど見当たりません。マーケティング活動の視点に立った広告表示規制に関する実践的な論考が必要だといわれる理由は，ここにあります。

(4) 規制対象となる広告表示

規制対象となる広告表示は，以下のとおりです。

⑦

第Ⅰ部　広告表示の法的規制　基礎編

> ① 詐欺的行為の助長，吹聴→虚偽・誇大
> ② あいまいな表現，暗示→誤認
> ③ 中傷・誹謗
> ④ 不公正な取引方法
> ⑤ 品位のない広告表示（児童・青少年への悪影響，不快などを含む）
> ⑥ 公序良俗に触れる広告表示（人権侵害・差別などを含む）

　広告表示に関する法規制は，上記のように，虚偽・誇大な不当表示の規制を基本にしていますが，広告主に対する一定の情報開示を義務づける規制も存在しています。

⑸　広告の発信者に求められるリスクマネジメント

　いろいろな媒体を通じて広告表示を行う者（広告主）として，上述の三層構造の規制を順守することは当然ですが，それに加えて，その行動原則は，発信者が置かれている立場（社会との調和。いわゆるCSRの理念）に即したものであり，かつ，CSRの理念を高揚するものでなければなりません。言い換えれば，企業規模の大小に関係なく，自己の製品を広告表示する際には，虚偽を排し，事実に従い，必要な情報を消費者に的確に伝達することが必要です。このように，広告表示は，法的規制のみではなく，社会規範（業界の自主基準，社会通念，自社の経営理念等）にも反しないように行う必要があります。これが**広告表示における真のコンプライアンス**であり，同時に，**広告表示の法的規制におけるリスクマネジメントの原点**です。

　第Ⅱ部【Q&A】を通じて，いろいろな角度から検討を試みるのは，広告表示規制にとって，**基礎としてのコンプライアンスと実践としてのリスクマネジメント**（リスク対応・リスク管理）が，ともに重要だからです。

3 景品表示法による規制

　広告表示と最も関係の深い景品表示法は，広告の「不当表示」を禁止する規定を設けています（5条）。この不当表示には，「優良誤認」（5条1号）と「有利誤認」（5条2号）の2つの類型が設けられ，広告や表示の正当性・不当性を判断する際の基本的な基準となり，また，他の法律が誇大広告の禁止に関する制限規定を設ける場合の基礎になっています。したがって，主務官庁である消費者庁が，特定の広告表示物や広告活動について「不当表示」に該当するか否かを判断する場合には，この2つが中心的な基準になります。

(1)　優良誤認表示（5条1号）→質の誤認

　優良誤認表示とは，商品または役務の**品質・規格その他の内容**について，実際のものよりも著しく優良であると示し，または事実に相違して当該事業者と同種もしくは類似の商品もしくは役務を供給している他の事業者に係るものよりも著しく優良であると示す表示であって，不当に顧客を誘引し，**一般消費者**による自主的かつ合理的な選択を阻害すると認められるものをいいます。例えば，「機械打ち」にもかかわらず，「手打ちそば」と表示することは，商品自体の中身を実際よりも優良であると誤認させることに該当します。また，競合他社よりも優良であることを強調するため「当社にしかできないアフターサービス」などと表示していたが，競合会社も同様のサービスを提供している場合なども，これに該当します。さらに，根拠なく"地球にやさしい"と表示することも，優良誤認の規制に抵触すると思われます。

　なお，ここで「**一般消費者**」とは，当該商品または役務について，格別に詳しい情報・知識を有していない**通常レベルの消費者**を意味します（以下，本書では，単に「**消費者**」と表現することにします）。

(2)　有利誤認表示（5条2号）→経済性の誤認

　有利誤認表示とは，商品または役務の価格その他の取引条件について，実際

第Ⅰ部　広告表示の法的規制　基礎編

のものまたは当該事業者と同種もしくは類似の商品もしくは役務を提供している他の事業者に係るものよりも，著しく有利であると消費者に誤認される広告表示であって，不当に顧客を誘引し，消費者による自主的かつ合理的な選択を阻害すると認められるものをいいます。例えば，根拠もなく「日本一安い」と表示すること，「今だけ割引価格で提供」と広告しながら，実際には通年の価格であった場合などは，有利誤認の規制に抵触します。不当な二重価格表示を行うこと（例えば，「シーズンには10万円する品を３万円で」と広告表示しながら，通年の価格が３万円であった場合）も，有利誤認表示に該当します。

⑶　誤認されるおそれのある表示で，内閣総理大臣が指定するもの（５条３号）→指定告示

優良誤認表示および有利誤認表示のいずれにも当てはまらないが，商品または役務（サービス）の取引に関する事項について消費者に誤認されるおそれがある広告表示であって，不当に顧客を誘引し，消費者による自主的かつ合理的な選択を阻害するおそれがあるものが，これに該当します。具体的には，公正取引委員会告示によって，「無果汁の清涼飲料水等についての表示（昭和48年公取委告示第４号）」など，６つのものが指定されています。

「おとり広告（平成５年公取委告示第17号）」（実際には購入できない商品等で消費者を誘引する広告）も，この６つの指定告示の１つに含まれています。

⑷　不実証広告規制

景品表示法は，優良誤認表示（５条１項）の認定に際して，必要があれば，消費者庁が当該広告表示を行った事業者に対して，その広告表示の裏づけとなる合理的な根拠を示す資料の提出を求めることができる，と定めています（７条２項）。この求めに応じて，通常15日以内に合理的な根拠を示す資料が当該事業者から提出されれば，外形上，優良誤認表示であっても，優良誤認表示の認定を免れることができます。逆に，当該資料が提出されない場合，当該広告表示は「不当表示」と「みなされ」ます。つまり，消費者庁の立証負担を軽減

させ，優良誤認にかかる表示規制の実効性を担保する仕組みが制度として設けられています。これを「**不実証広告規制**」と呼んでいます。この制度は，有利誤認には適用されません。

　なお，課徴金納付命令の場合においても，不実証広告規制の適用が認められ，期日内に資料の提出がない場合には，優良誤認の表示と「**推定**」されることになっています（8条3項）。

(5)　措置命令

　景品表示法に違反していると判断された事業者に対して，消費者庁は「措置命令」を発することができます（7条1項柱書，33条1項）。また，措置命令は，都道府県も行えるようになりました（33条11項）。

　措置命令とは，違法行為を差し止め，かつ，再発を防止するために行われる「行政処分」です（消費者庁発足前では「排除命令」と呼ばれていました）。その一例として，消費者庁は，2013年12月19日，一流ホテル内のレストランにおけるメニューの食材偽装事件について，優良誤認表示による景品表示法違反として措置命令を出し，再発防止を講じ，今後同様の表示を行わないように事業者に命じました。消費者は，メニューに記載されている食材が使用されていると信じて料理を選択しますが，実際には違う食材を使用し，消費者に対して，実際よりも質が優れているという誤認を与えて売り上げを伸ばしていたのですから，優良誤認表示として，措置命令を受けるのは当然でしょう。

　また，2016年2月16日には，アディーレ法律事務所が，通常の取引条件であるにもかかわらず，「キャンペーン期間中の今申し込むとお得です」とテレビで広告宣伝していたことに対し，消費者庁は，特段有利でないものを有利であるかのように広告宣伝したことは「有利誤認」表示に当たるとして，措置命令を出しました。

　なお，措置命令に従わない者に対しては，2年以下の懲役または300万円以下の罰金が科され，両者の併科もあります（36条）。しかし，措置命令を飛び越えて，いきなり罰則ということにはなりません。

(6)　課徴金制度

　課徴金制度は，不当表示を行った事業者に対して，措置命令のほかに，さらに経済的な不利益を与え，将来における不当表示の防止を目的とするものです（8条）。その金額は，優良誤認および有利誤認の表示を行っていた期間（最長3年分）の当該商品・サービス売上額の3％を基準にして算出されます。最近の事案としては，DVDレンタルや書籍販売のTSUTAYAに対する1億1,753万円の納付命令（2019年2月22日）などが挙げられます。

(7)　景品表示法以外の法による規制との関係

　他の重畳的に適用される可能性のある他の法律も，優良誤認・有利誤認のような不当表示または誇大広告によって，消費者を欺くような広告表示を禁止しています。薬機法は，誇大広告について課徴金の導入を検討中です。

　しかし，すでに述べたように，景品表示法の広告表示に対する基本的なスタンスは，外観上「不当表示」に該当すると思われる場合でも，広告表示者に「**弁明**」の機会を与え，事実であることの実証ができれば，不当表示としては扱わない，という立場です。つまり，**不実証広告規制**がその基本原則です。

　これに対して，重畳的に適用される可能性のある他の法律は，必ずしも，同一の原則に立脚していません。どちらかといえば，不当表示のうち，「誇大または虚偽の広告」を規制する考え方を基礎にしています。例えば，医薬品医療機器等法（薬機法）の場合，一定の基準に抵触すれば，それに合理的な根拠があるか否かにかかわらず，規制・禁止するという立場を採っています。一例を挙げれば，健康食品においては，医薬品的な効果効能を標榜することは，承認を得ている場合を除いて禁止されています（薬機法66条1項）。もし，根拠なくこのような効能効果を表示すれば，薬機法にも抵触することになります。

　さらに，法律の目的により，規制の範囲が異なります。例えば，規制の基本法ともいうべき景品表示法は，「広告」と「表示」の両方を規制対象にしていますが，食品衛生法は，「表示」のみを規制対象にしています。

4 公正競争規約および主務官庁の解釈基準・通達等

(1) 公正競争規約

　公正競争規約は，業界の申し合わせによる自主規制の一種ですが，公正取引委員会および消費者庁の認定を受けたものであり，純粋な業界自主規制とは区別されています。また，業界の申し合わせですが，独占禁止法の適用は除外されています。公正競争規約の普及・啓蒙活動の中心的存在である一般社団法人全国公正取引協議会連合会のHPによれば，閲覧日である2019年2月1日現在，**①広告表示に関するもの；66件，②景品に関するもの；37件，計103件の公正競争規約が存在しています（コード7番が廃止になっています）**。いずれも，法律および通達などの公的基準を補完する重要な役割を果たしています。

　具体的には，公正競争規約ごとに，「取引協議会」が設置され，虚偽誇大な広告の調査，相談，指導，関係官庁との連絡，規約の実施などの業務を行っています。

　なお，第Ⅰ部【基礎編】の末尾に，**参考1**として広告表示に関する公正競争規約を一覧表にまとめて掲載しており，第Ⅱ部【Q&A】において公正競争規約を個別に援用した場合に，一覧表に記載されている「コード」番号をキーに用いて，基礎編とQ&Aを関連づけています。

(2) 主務官庁の解釈基準・ガイドライン・指針・通達，告示等

　広告の規制については，**主務官庁の解釈基準・ガイドライン・指針・通達，告示**などが極めて重要な役割を果たしています。これらは，法令と自主基準の中間に位置するものですが，主務官庁が関係した有権解釈であって，**事実上の強制力**を有していますので，「法令」に含めて分類する考え方もあると思われます。しかし，本書では，説明の都合等の関係から，「公的基準等」として，公正競争規約と同じカテゴリーに属するものとして取り扱うことにしています。それぞれの内容については，【Q&A】の中で適宜触れますので，必要に応じて

第Ⅰ部　広告表示の法的規制　基礎編

参照してください。

5 業界団体による自主規制基準

(1) 意　義

　業界団体による自主規制基準は，広告主団体，広告業団体および広告媒体会社が，法律や主務官庁の通達・有権解釈などとの隙間を埋め，社会との調和（CSR）のために，適正な広告活動を進めていくという意思を自発的に表明している点において，極めて重要な意味と役割を有しています。また，これは，コンプライアンスに基づいた広告活動の原点となるものです。ただし，あくまでも**業界の自主規制**ですので，公正競争規約のように，違約金の賦課などは設けられていません。

(2) 具体例

　自主規制基準は，広告主団体，広告業団体および広告媒体会社によるものの3つに大別されます。それぞれの内容については，第Ⅱ部【Q&A】の中で，必要に応じて言及しますので，適宜参照してください。

　なお，第Ⅰ部【基礎編】の末尾に，**参考2**として，**業界団体による自主規制基準の主なもの**を一覧表にまとめて掲載しておきました。

6 広告の種類

(1) 分　類

　広告については，いろいろな分類の仕方が存在しますが，日常，よく耳にする広告をできるだけ網羅する形で分類すると，第Ⅰ部【基礎編】末尾の**参考3**のようになります。それぞれの内容については，【Q&A】の中で適宜

触れますので，必要に応じて参照してください。

(2) 本書における広告へのアプローチ

すでに述べたように，本書では，広告をマーケティング活動の一環として位置づけていますので，第Ⅱ部【Q&A】においては，原則としてマーケティング活動と関係の深い広告を対象にして，**かつ広告表示を発信する側におけるリスク対応の視点を重視して**検討することにします。

7 広告責任

(1) 広告主の広告責任

商品やサービスの広告は，契約成立過程の前段における存在であって，契約性を有しない（広告主に責任はない）というのが過去における考え方でした。

しかし，取引に関する環境の変化（例えば，電子消費者契約の登場など）により，広告表示の在り方が問い直され，①重要事項の不実の告知，②断定的な判断の提供，③デメリットの故意の不告知，などによって，**消費者が損害を被った場合**，広告主は，その損害について，事実上，責任を負わなければなりません（広告責任）。つまり，広告表示に，「契約」の場合と同程度の表示条件が備わっているか否かが問われます。これが，現在の一般的な解釈基準です。また，消費者契約法における「契約取消権」などは，この流れを明確に示した一例です。

(2) 詐欺的広告に関与した媒体の法的責任

広告が有する社会性の見地から，広告媒体会社にも一定の責任が課される場合があります。問題となった代表的なものを例示すれば，以下のとおりです。

第Ⅰ部　広告表示の法的規制　基礎編

① 　新聞社の広告責任（日本コーポ分譲マンション広告事件）

　これは，一流新聞（朝日，日経，毎日）に掲載した分譲マンションの広告（青田売り広告）にかかる債務不履行責任・不法行為責任に基づく損害賠償請求事件です。

　これについて，東京地判（原審：昭和53・5・29　判例時報909号12頁）は，原則として新聞社に社会通念を超えた積極的な調査・確認の義務はない旨を判示し，契約責任および不法行為責任をともに否認しました。東京高判（控訴審：昭59・5・31　判例時報1125号113頁）は，一般的な契約責任として調査・確認の**義務を負わない**と判示しながらも，「広告掲載時に，読者らに不測の損害をおよぼすおそれがあることを予見しながら，又は容易に予見し得たのに，あえてこれを掲載した等の特別の事情がある場合は，読者に対して不法行為上の法的責任を負うべきである」と判示しました。

　結論として，本件の場合，予見可能性に対する義務違反などの特段の事情が認められないとして，被告らの不法行為責任も否認されています。

　最高裁第三小判（上告審：平成19・19　集民157号601頁）は，控訴審の判断を支持しています。

② 　雑誌社の広告責任（ニュー共済ファミリー損害賠償請求事件）

　これについて，東京地判（昭和60・6・27「損害賠償請求事件」判例時報1199号94頁）は，「ニュー共済ファミリー」という雑誌媒体が掲載した分譲地の広告が悪用され，当該分譲地について「推薦」を表明していたことを理由に，媒体である雑誌社には，顧客の信用を裏切らないようにすべき注意義務があるにもかかわらず，それに対する措置を講じていない過失が認められるとして，不法行為責任として3割の損害賠償責任を認定しています。また，媒体名義の腕章や名刺を無断で作成し，それを悪用した広告主に7割の賠償責任が負わされたことはいうまでもありません。

　このほか，詐欺的商法による損害ではありませんが，**タウン情報誌（関西版・ぴあ）**に掲載された広告（電話番号）の誤りにより，第三者（飲食店と間

違えられた電話の持ち主）が夜間でも頻繁にかかってくる間違い電話で受けた精神的・肉体的な損害について，広告代理店と出版社（ぴあ）の**不法行為責任が肯定された事件があります**（大阪高判平成9・9・30　判例時報1516号87頁）。

③　テレビ局の広告責任

投資ジャーナルグループ（スポンサー）提供のテレビ番組内の広告テロップをスポンサーが悪用し，視聴者が詐欺にあった事件について，テレビ局の不法行為責任が否定された事件があります（東京地判平成1・12・25　判例タイムズ731号208頁。長谷部恭男ら編『マスメディア判例百選』（有斐閣・2018年）136～137頁）。テレビ局と視聴者が被った損害の間に因果関係が存在しないと判断されました。

④　プロバイダー/プラットフォーマーの広告責任

上記①～③に準じて考えればよいと思われます。ただし，特有なルールとして，"Notice and Takedown"（プロバイダー責任制限法3条）があります。すなわち，出店店舗に係る広告に違法行為がある旨の通知を受け取った場合，広告媒体であるプロバイダーやプラットフォーマーは，一定の期間内に，適切な削除・是正等の必要な措置を講じれば，第三者に対し，その広告に基づく法的責任を免れることができます。

⑤　出演タレントの広告責任（原野商法タレント事件）

北海道の原野販売の広告パンフレット（チラシ）に，顧客吸引力のあるタレントAが写真入りで推薦文を掲載した事件において，大阪地判（昭和62・3・30「原野商法タレント事件」判例時報1240号35頁）は，Aの行為には過失があり，「被告会社Xの不法行為に対する幇助（民719条2項）に当たる」と判示し，また，「広告出稿に際して，広告主の事業内容を調査すべきであったが，これを怠った」として，**損害賠償を命じています**。これとは逆に，タレントの責任

第Ⅰ部　広告表示の法的規制　基礎編

を否認した事件も存在しています（東京地判平成6・7・25「琴風事件」判例
時報1509号31頁）。

⑶　適格消費者団体による訴訟（クロレラチラシ配布差止等請求事件）

［事件の概要］

　クロレラのチラシの配布をめぐって争われた事件です。主な争点は，①配布
主体と商品名が不明なチラシが，そもそも，景品表示法の「表示」に該当する
か，②チラシの配布主体は誰か，③新聞折込みのチラシ広告は消費者契約法で
いう「勧誘」に該当するのか，の3点でした。

> 第一審原告（被控訴人・上告人）：京都消費者契約ネットワーク（内閣総理大臣
> が認定した「適格消費者団体」）
> 第一審被告（控訴人・被上告人）：サン・クロレラ販売㈱…チラシの「配布主体」

［判決の概要］

■第一審（京都地判平成27・1・21民集71巻17頁）

　裁判所は，①新聞折り込みチラシの「配布主体」は被告である，②商品名
の記載がないチラシでも，景品表示法5条1号の優良誤認表示および消費者
契約法4条1項の不実告知に該当する，と認定し，適格消費者団体による差
止請求（景品表示法30条1項1号）を認容しました。ただし，消費者契約法
（「勧誘」12条1項および2項）に基づく差止請求については判断していませ
ん（景品表示法による差止請求が認容されたため）。

■控訴審（大阪高判平成28・2・25民集71巻1号34頁）

①　第一審判決が認容した差止請求については，認容しませんでした（被告
　が，チラシの配布を中止したので，現に行い，または行うおそれはないた
　め）。

②　消費者契約法（12条1項および2項）を根拠とする差止請求を棄却しま
　した。消費者契約法（12条1項・2項）でいう「勧誘」には，**本件チラシ**

18

のような，不特定多数の消費者に向けたものは含まれない，という従来の判断を踏襲して，被控訴人の請求を棄却しました。

③　他については，第一審の判断を支持しました。

■上告審（最三小判平成29・1・24民集71巻1号1頁）

①　消費者契約法12条についてのみ上告を受理し，最高裁は，同条でいう「勧誘」について，「事業者等による働きかけが不特定多数の消費者に向けられたものであって1対1で働きかけたものでなくても，それだけで，その働きかけが法にいう「勧誘」に当たらないということはできない」という判断を示し，控訴審の判断を棄却しました。

②　その他については，上告不受理により控訴審が確定となりました。

この最高裁判決により，不特定多数向けのチラシ（新聞折り込み広告）の配布であっても，消費者契約法（12条1項・2項）でいう「勧誘」に該当することが明らかにされ，チラシの配布についての争いには終止符が打たれました。また，適格消費者団体による訴訟制度に新たな先例が生まれたことになります。

8　海外主要国における広告規制

海外について論じるとすれば，対象国として，米国，英国，ドイツ，フランス，韓国，中国などを取り上げる必要があり，結果として，これらが相当なボリュームになることは避けられません。したがって，今回の検討対象から割愛し，別の機会に委ねることにします（なお，後掲参考文献中の『広告表示規制法』および『広告法規（新訂第一版)』に，参考となる記述がありますので，必要に応じて参照してください）。

(TY)

第Ⅰ部　広告表示の法的規制　基礎編

参考1） 広告表示に関する公正競争規約一覧

コード	規約名	認定年月日	直近の改正	実施機関
1	マーガリン	S42/02/22	H28/04/01	マーガリン公取協
2	飲用乳	S43/05/30	H29/12/28	全国飲用牛乳公取協
3	チーズ	S46/03/31	H29/09/29	チーズ公取協
4	アイスクリーム類及び氷菓	S50/09/03	H24/10/04	アイスクリーム類及び氷菓公取協
5	発酵乳・乳酸菌飲料	S52/12/22	H30/10/29	発酵乳・乳酸菌飲料公取協
6	殺菌乳酸菌飲料	S52/12/22	H24/10/04	殺菌乳酸菌飲料公取協
7	合成レモン	S42/10/27	H28/11/22 ただし，H30/8/1日 付けで廃止	合成レモン公取協
8	果実飲料等	S46/03/02	H30/08/01	果実飲料公取協
9	トマト加工品	S51/10/20	H30/09/14	全国トマト加工品業公取協
10	コーヒー飲料等	S52/12/22	H28/09/23	全国コーヒー飲料公取協
11	豆乳類	S62/12/28	H28/04/01	日本豆乳公取協
12	レギュラーコーヒー等	H03/11/13	H30/05/11	全日本コーヒー公取協
13	もろみ酢	H20/01/22	H24/10/04	もろみ酢公取協
14	食品のり	S43/02/21	H27/05/15	食品のり公取協
15	食品缶詰	S43/08/30	H24/10/18	全国食品缶詰公取協
16	粉わさび	S44/01/20	H28/04/01	全国粉わさび公取協
17	削りぶし	S44/10/15	H29/09/29	全国削節公取協
18	凍豆腐	S45/03/30	H30/08/01	凍豆腐製造業公取協
19	生めん類	S51/10/20	H24/10/18	全国生めん類公取協
20	辛子明太子食品	S63/11/01	H30/03/30	全国辛子めんたいこ食品公取協

20

参考1　広告表示に関する公正競争規約一覧

21	ハム・ソーセージ類	H04/09/07	H29/01/30	ハム・ソーセージ類公取協
22	食肉	H07/10/13	H28/09/23	全国食肉公取協
23	即席めん類等	H12/03/29	H30/02/19	日本即席食品工業公取協
24	包装食パン	H12/03/29	H28/12/26	日本パン公取協
25	鶏卵	H21/03/26	H28/09/23	鶏卵公取協
26	食酢	S45/03/07	H30/05/18	全国食酢公取協
27	味噌	H16/05/11	H28/04/01	全国味噌業公取協
28	ドレッシング類	H19/03/29	H28/11/22	ドレッシング類公取協
29	醤油	H19/04/19	H29/12/21	醤油業中央公取協
30	食用塩	H20/04/18	H28/11/22	食用塩公取協
31	観光土産品	S41/02/12	H28/09/23	全国土産品公取協
32	はちみつ類	S44/11/10	H28/09/23	全国はちみつ公取協
33	ビスケット類	S46/03/31	H24/10/18	全国ビスケット公取協
34	チョコレート類	S46/03/25	H24/10/18	全国チョコレート業公取協
35	チョコレート利用食品	S47/10/04	H30/09/14	チョコレート利用食品公取協
36	ローヤルゼリー	S54/09/20	H28/04/01	全国ローヤルゼリー公取協
37	チューインガム	S50/09/03	H30/12/27	全国チューインガム業公取協
38	ビール	S54/12/17	H30/04/01	ビール酒造組合
39	輸入ビール	S57/03/08	H21/09/01	日本洋酒輸入協会
40	ウィスキー	S55/07/30	H24/10/04	日本洋酒酒造組合
41	輸入ウィスキー	S55/07/30	H24/10/04	日本洋酒輸入協会
42	泡盛	S58/11/24	H25/10/10	日本酒造組合中央会
43	酒類小売業	S55/03/28	H23/02/10	全国小売酒販組合中央会
44	単式蒸留焼酎	S61/06/16	H21/09/01	日本酒造組合中央会

第Ⅰ部 広告表示の法的規制 基礎編

45	ペットフード	S49/03/30	H28/11/22	ペットフード公取協
46	帯締め及び羽織ひも	S51/10/20	H22/08/04	全国帯締め羽織ひも公取協
47	家庭電器製造業	S53/06/01	H30/07/06	全国家庭電気製品公取協
48	家庭電気製品小売業	S59/06/01	H26/07/25	全国家庭電気製品公取協
49	釣竿	S59/04/10	H28/11/24	全国釣竿公取協
50	ピアノ	S59/05/15	H30/08/01	鍵盤楽器公取協
51	電子鍵盤楽器	H04/11/30	H30/08/01	鍵盤楽器公取協
52	眼鏡類	S61/03/31	H28/04/01	眼鏡公取協
53	スポーツ用品	S62/06/05	H28/04/01	スポーツ用品公取協
54	仏壇	H24/04/12	H28/04/01	仏壇公取協
55	防虫剤	S39/02/08	H28/09/23	防虫剤公取協
56	化粧品	S46/10/22	H30/02/16	化粧品公取協
57	化粧石けん	S46/12/07	H28/04/01	化粧石けん公取協
58	歯磨き類	S50/09/03	H27/08/05	歯磨公取協
59	家庭用合成洗剤及び家庭用石けん	S59/05/15	H29/07/06	洗剤・石けん公取協
60	募集型企画旅行	H04/05/26	H29/01/31	旅行業公取協
61	指定自動車教習所業	H16/06/29	H28/04/01	指定自動車教習所公取協
62	自動車業	S46/09/07	H28/09/23	自動車公取協
63	二輪自動車業	H15/10/08	H28/09/23	自動車公取協
64	タイヤ	S55/07/15	H26/04/25	タイヤ公取協
65	農業機械	S57/06/28	H28/09/23	農業機械公取協
66	不動産業	S38/06/17	H28/04/01	不動産公取協連合会
67	銀行業	H05/03/08	H28/09/23	全国銀行業公取協

(出所) 一般社団法人全国公正取引協議会連合会のHP。「公取協」は，「公正取引協議会」の略。

参考 2 業界団体による自主規制基準一覧

参考2 業界団体による自主規制基準一覧（主なもの。順不同）

番号	業界団体名	内容・名称
	（広告媒体の自主規制）	
1	一般社団法人全日本広告連盟	広告倫理綱領
2	一般社団法人日本広告主協会	広告倫理綱領
3	一般社団法人日本民間放送連盟	放送基準
4	一般社団法人日本新聞協会	新聞広告掲載基準 新聞折込広告基準
5	一般社団法人日本雑誌広告協会	雑誌広告倫理綱領
6	一般社団法人日本インタラクティブ広告協会（JIAA）（旧一般社団法人インターネット広告推進協議会）	インターネット広告掲載に関するガイドライン メール広告運用ガイドライン
7	公益社団法人日本鉄道広告協会	倫理綱領，鉄道広告掲出基準
	（広告業団体の自主規制）	
8	公益社団法人全国求人情報協会	求人広告倫理綱領 求人広告掲載基準
9	一般社団法人日本広告業協会	広告倫理綱領
10	一般社団法人全日本屋外広告業団体連合会	屋外広告倫理綱領
11	一般社団法人日本アド・コンテンツ制作協会	CM制作倫理基準
	（広告主団体の自主規制）	
12	公益社団法人日本アドバタイザー協会（JAA）	倫理綱領，JAA広告宣言
13	日本アフィリエイト・サービス協会	アフィリエイト・ガイドライン
14	一般社団法人金融先物取引業協会，公益社団法人日本証券業協会	アフィリエイト広告の利用に関する指針
15	日本化粧品工業連合会	化粧品等の適正広告ガイドライン
16	OTC医薬品等の適正広告ガイドライン	日本OTC医薬品協会
17	一般社団法人日本エステティック振興協議会	エステティック業統一自主基準，エステティックの広告表記に関するガイドライン

18	一般社団法人日本カイロプラクター協会	カイロプラクティクの広告に関するガイドライン
19	一般社団法人日本ホームヘルス機器協会	連続式電解水生成器等の広告・表示における自主基準
20	一般社団法人健康食品産業協議会，公益社団法人日本通信販売協会	「機能性表示食品」適正広告自主基準（第1版）
21	社団法人日本果汁協会	「清涼飲料水の「レモン果実1個当たりのビタミンC量」の表示について」
22	公益社団法人全国求人協会	求人広告掲載基準
23	東京2020公式ホームページ	知的財産権の保護，大会ブランド保護基準
24	ぱちんこ広告協議会	ぱちんこ業界における広告・宣伝ガイドライン
25	財務省	製造たばこに係る広告を行う際の指針
26	一般社団法人日本たばこ協会	注意文言等の広告表示に関するマニュアル
27	一般社団法人日本たばこ協会	包装表示に関するマニュアル
28	公益社団法人日本証券業協会	広告及び景品類の提供等に関する規則
29	公益社団法人全国学習塾協会	学習塾業界における事業活動の適正化に関する自主基準，同実施細則
30	一般社団法人インターネット広告推進協議会	行動ターゲティング広告ガイドライン
31	WOMマーケティング協会	WOMJガイドラインFAQ
32	一般社団法人生命保険協会	生命保険商品に関する適正表示基準
33	一般社団法人日本損害保険協会	広告倫理綱領
34	電気通信サービス向上協議会（電気通信事業者協会，テレコムサービス協会，日本インターネットプロバイダー協会，日本ケーブルテレビ連盟）	電気通信サービスの広告表示に関する自主基準及びガイドライン
35	公益財団法人日本訪問販売協会	訪問販売企業の自主行動基準 商品別禁止事項（自主行動基準細則）
36	結婚相手紹介サービス協会	自主規制基準

参考3　広告の種類

37	公益財団法人日本健康・栄養食品協会	「特定保健食品」適正広告自主基準
	(特定業種・分野における自主基準)	
38	一般社団法人日本たばこ協会	製造たばこに係る広告，販売促進活動及び包装に関する自主基準
39	飲酒に関する協議会（酒類業9団体により構成）	酒類の広告・宣伝・および種類容器に関する自主基準
40	全国専修学校・各種学校総連合	専修学校・各種学校の表示に関する自主規約（広告倫理自主規約）
41	日本貸金業協会	広告審査に係る審査基準
42	日本弁護士連合会	弁護士の業務広告に関する規程，業務広告に関する指針
43	日本公認会計士協会	倫理規則
44	日本税理士会連合会	綱紀規則，会員業務の広告に関する細則
45	日本行政書士会連合会	行政書士倫理

（出所）　筆者が独自にまとめたもの。

参考3　広告の種類

分類区分	内容・呼称
目的（広告メッセージの対象）別	商品（製品）広告 企業広告 通知広告 案内広告 ブランド広告 求人広告 記事広告 推奨広告
広告主別	メーカー広告 小売広告 政府広告（行政広告） 公共広告 法定広告（公告） 非営利広告

25

第Ⅰ部　広告表示の法的規制　基礎編

	個人の広告
媒体別	新聞広告 雑誌広告 テレビ広告 ラジオ広告 DM広告 POP（立体）広告 Yellow Page（電話帳広告） 交通広告 屋外広告 折り込み広告（チラシ）
インターネット媒体	**（枠売り型広告）** ポップアップ広告 バナー広告 タイアップ広告（ネイティブ広告） アフィリエイト広告 **（運用型広告）** ターゲティング広告 SNS広告 検索連動リスティング広告 運用型ディスプレイ広告
対象（広告の受け手）別	消費者広告（B to C） 消費者同士広告（C to C） 産業広告（B to B） 流通広告　（B to B） 専門家広告（B to B）
訴求テーマ別	CSR広告 環境広告 IR広告 意見広告 比較広告
表現方法別	動画広告 グラフィック広告 音声広告

（出所）　江藤俊彦「はじめての広報宣伝マニュアル（新版）」（同友館・2015年）117頁を
　　　　参考にして，筆者が独自にまとめた。

基礎編に関するお勧め参考文献

- 梶山晧『広告入門（第5版）』（日経文庫・2007年）120頁，194～196頁，197～200頁
- 電通法務マネジメント局編『広告法』（商事法務・2017年）2頁，152頁，172頁，176頁
- 岸志津恵・田中洋・嶋村和恵『現代広告論（第3版）』（有斐閣・2017年）5頁，9～11頁，340～344頁
- 加藤公司ほか編『景品表示法の法律相談（改訂版）』（青林書院・2018年）111～118頁，174頁，274～287頁
- 大元慎二編著『景品表示法（第5版）』（商事法務・2017年）40頁，50頁，146頁，270頁
- 伊従寛・矢部丈太郎編『広告表示規制法』（青林書院・2009年）59～61頁，141～142頁，302頁，607～614頁，631～642頁
- 岡田米蔵・梁瀬和男『広告法規（新訂第一版）』（商事法務・2006年）23～28頁，39～43頁
- 中田邦博「消費者契約法・景品表示法における差止めの必要性―クロレラチラシ事件を素材に」（ジュリスト1517号所収）49頁以下
- 古川昌平『エッセンス景品表示法』（商事法務・2018年）26頁，34頁，44頁
- 川越憲治・疋田聰編著『広告とCSR』（生産性出版・2007年）312～314頁
- 宣伝会議編集部編『デジタルで変わる宣伝広告の基礎』（宣伝会議・2016年）239～263頁

その他，全般的なものとして，
- 岡田米蔵編『わかりやすい広告六法』（日刊工業新聞社・1996年）
- 岡田米蔵『広告倫理の構築論―人工的体系の構造と実践行動』（創英社／三省堂書店・2017年）
- 日本広告審査機構『150の声をもとに解説した広告規制の基礎　広告法務Q&A』（宣伝会議・2014年）
- 長谷部恭男・山口いつ子・宍戸常寿編『メディア判例百選（第2版）』（有斐閣・2018年）
- 水野由多加編著『広告表現　倫理と実務』（宣伝会議・2009年）
- 林田学『景品表示法の新制度で課徴金を受けない3つの最新広告戦略』（河出書房新社・2016年）
- 森亮二「インターネット広告における法規制の全体像」（Business Law Journal No.49, 2012 April）48～55頁
- 二関辰郎「インターネット広告とプライバシー保護」（Business Law Journal No.49, 2012 April）56～61頁

広告表示の法的規制
【Q&A】

　違法な広告表示・表現であれば，法律で取り締まることができます。しかし，広告規制の対象となる大部分の表示・表現は「虚偽・誇大」，「誤認」，「中傷・誹謗」などであり，なかには微妙な表現もあり，法律だけでは到底カバーしきれません。言い換えれば，広告表示の規制における課題の解決には，規制法と広告倫理（自主基準）や行政指導（公正競争規約，医薬品等適正広告基準等）との「有機的な補完関係」を欠かすことはできません。また，それらの法律や基準の運用が具体的にどのように行われているかという現実の姿を把握し，その中から「生きた判断基準」を見出すことも必要となります。

　このような認識から，第Ⅱ部では，規制の目的別に，発生が予想または想定される現実的な事例を前提にリスクの所在を明確にし，Q&A方式により，課題へのアプローチを試みます。

　なお，このQ&Aは，あくまでも説明の手段・方法にすぎませんので，具体的に発生した問題が設例に類似している場合であっても参考にとどめ，その具体的な解決については，別途，専門家に相談する必要があることにくれぐれもご留意ください。

第Ⅱ部　広告表示の法的規制　Q&A

§1 消費者保護

Q1　医師や美容師による推薦広告
―薬機法，景品表示法，製造物責任法

> テレビのコマーシャルで，医師や美容師が特定の医薬品や化粧品を推薦
> し，後に，副作用やかぶれなどの問題が生じた場合，その責任はどうな
> りますか。

ポイント　広告主・メーカー以外の者であっても関与態様に注意

A　本問における医師や美容師の行為は，企業のイメージアップを図る一般
的な**企業広告**の枠を越えて，特定の医薬品や化粧品の広告宣伝（**商品広告**）に
関与しているといえます。これは，特定の医薬品等に対する一般消費者の認識
に与える影響が大きいため，原則として不適当とされています。

　具体的には，「薬事法における医薬品等の広告の該当性について」（後掲）が
定める広告の3要件，①顧客を誘引する（顧客の購買意欲を昂進させる）意図
が明確であること，②特定医薬品等の商品名が明らかにされていること，およ
び③一般人が認知できる状態であることを満たしますので，本問のコマーシャ
ルは，医薬品医療機器等法（以下「薬機法」といいます）66条および「医薬品
等適正広告基準」（後掲）第4（基準）10に抵触します。広告主は，2年以下
の懲役もしくは200万円以下の罰金，またはそれらが併科され（薬機法85条4
号），さらに広告を信頼した購入者に対する不法行為責任を負うおそれがあり
ます（参考判例①）。

　また，当該商品について事前の調査・確認の義務を怠っていた場合，「推薦」
という行為に起因して，**医師や美容師**も，広告主等の不法行為を幇助した者
（民法719条2項）として，広告を信頼した購入者に対する**不法行為責任**を問わ

30

§1　消費者保護

れるおそれがあります（参考判例①）。「推薦」という行為には，その商品等に**対する信頼を高める保証的な効果**があり，責任を伴うことによります。さらに，医師や美容師が極めて著名で，その推薦があまりに大きな影響力を有していたため，常識的な情報・知識しか有していない一般消費者（以下「消費者」といいます）がその医薬品や化粧品を著しく優良なものであると誤認した場合には，景品表示法5条1号（優良誤認表示の禁止）等の規定に抵触する可能性も否定できません。

［検討］

医師や美容師および広告主の法的責任は，上述のとおりですが，このほか，これに関連して検討すべきいくつかの問題があります。

① コマーシャル広告を放映した**テレビ会社（媒体社）の責任**については，「広告についての責任は，広告主が負う」というのが原則ですから，媒体社自体に特別な事情（例えば，媒体社が当該医薬品等を積極的に推奨しているなど）が存在しない限り，不法行為責任は及びません（後掲参考判例②）。

② **副作用やかぶれの原因である当該医薬品等を製造したメーカー（製造業者）の責任**については，メーカーは，製造物の欠陥に起因する製造物責任（製造物責任法3条）として，当該医薬品等の欠陥と因果関係のある損害について損害賠償責任を負います。なお，メーカーが広告主を兼ねている場合，メーカーは，当該医薬品等の欠陥について，理論上，製造物責任のほか広告主としての不法行為責任をも負うことが考えられますが，購入者は，メーカーに対していずれかの責任を選択的に追及することができると考えられます。

■参照すべき公的基準等

■ 薬事法における医薬品等の広告の該当性について（平成10年9月29日医薬監第148号厚生省医薬安全局監視指導課長通知）

第Ⅱ部　広告表示の法的規制　Q&A

■ 医薬品等適正広告基準第4（基準）10（平成29年9月29日薬生発0929第4号　厚生労働省医薬・生活衛生局長通知）

参考判例

① 　大阪地判昭和62・3・30「原野商法タレント事件」（判例時報1240号35頁）
② 　「日本コーポ分譲マンション広告事件」（第Ⅰ部【基礎編】**7**(2)①）参照）

お勧め参考文献

■ 電通法務マネジメント局編『広告法』（商事法務・2017年）342〜343頁
■ 伊従寛・矢部丈太郎編『広告表示規制法』（青林書院・2009年）202〜208頁，455頁

(HY)

§1 消費者保護

Q2 医薬品等の誇大広告—景品表示法，薬機法

医薬部外品である育毛剤の新聞広告に，「95パーセントの人の頭髪が改善されています」と掲載されていますが，この表現には問題はないですか。

ポイント 誇大広告に該当するリスクに留意

A 実際に95パーセントの人の頭髪が改善されていない場合には，景品表示法（以下「景表法」といいます）5条1号の**優良誤認表示**（不当表示）に該当します。実際に95パーセントの人の頭髪が改善される場合には，その根拠となる資料を備えておくことが必要です。さらに，**医薬部外品**（薬機法2条2項）について効能効果が確実である保証をするような表現を用いているため，**薬機法66条1項の誇大広告**に該当する可能性があります。

［検討］

1 景品表示法による規制

景表法は，商品または役務の内容について「実際のものよりも著しく優良であること」を示す表示等（**優良誤認表示**）を禁止しています（同法5条1号）。

また，消費者庁は広告表示が優良誤認表示に該当するか否かを判断するために必要があるときは，その広告表示をした事業者に対し，15日以内にその裏づけとなる「合理的な根拠」を示す資料の提出を求めることができるとされています。事業者が資料を提出しない場合，または提出した資料が合理的根拠と認められない場合には，措置命令との関係では優良誤認表示とみなされ（同法7条2項），課徴金納付命令との関係では優良誤認表示と推定されます（同法8条3項）。このように，景表法は合理的な根拠のない「不実証広告」を規制しており，「合理的な根拠」の判断基準については「**不実証広告規制に関する指針**」（後掲公的基準等①）に考え方が示されています。

33

第Ⅱ部　広告表示の法的規制　Q&A

2　薬機法による規制

　薬機法66条1項は，医薬品，医薬部外品，化粧品，医療機器または再生医療等製品（以下「医薬品等」といいます）の効能効果等について**虚偽または誇大な記事を広告すること**を禁止しています。

　どのようなものが虚偽・誇大広告に当たるかについての基準は，「**医薬品等適正広告基準**」（後掲公的基準等②）および「**医薬品等適正広告基準の解説及び留意事項等について**」（後掲公的基準等③）において定められています。医薬品等適正広告基準第4（基準）第3項(6)では，効能効果等または安全性を確実に保証する表現が禁止されています。例えば，胃腸薬の広告で，「根治」，「全快する」，「副作用の心配はない」等の表現は，明示的，暗示的を問わず認められません。また，図面，写真等による表示（使用前と使用後を含みます）も，効能効果等または安全性について誤解を与えるおそれがあるものについては認められていません。

　また，同基準は，臨床データ等を例示することについて，消費者に対し説明不足となり，かえって効能，効果等について誤解されるおそれがあるとして，原則禁止としています。すなわち，合理的な根拠がある場合でも規制対象となります。このような景表法との違いは，景表法が商品の自主的・合理的な選択を阻害しないことを目的としているのに対し，薬機法は医薬品等の誤用，乱用の防止や医薬品等に対する信用の維持を目的としていることに起因するものであると考えられます。

3　OTC医薬品等の適正広告ガイドライン

　医薬品には，①「一般用医薬品」，②「要指導用医薬品」，および③「薬局医薬品」の3つが存在します（薬機法4条5項2号から4号）。このうち，①および②については，OTC医薬品協会が自主的に順守すべき指針として「**OTC医薬品等の適正広告ガイドライン（後掲自主的基準等）**」を設け，誇大広告の禁止も含め広告表現について個別に細かく定めています。

34

§ 1　消費者保護

参照すべき公的基準等

① 「不実証広告規制に関する指針」（平成15年10月28日公正取引委員会，一部改正平成28年4月1日　消費者庁）
② 「医薬品等適正広告基準」（昭和55年10月9日薬発第1339号厚生省薬務局長通知（最終改正平成29年9月29日薬生発0929第4号））
③ 「医薬品等適正広告基準の解説及び留意事項等について」（平成29年9月29日薬生監麻発0929第5号）

参照すべき自主的基準等

■ OTC医薬品協会「OTC医薬品等の適正広告ガイドライン」（2015年版）

お勧め参考文献

■ 伊従・矢部編『広告表示規制法』（前掲）95～97頁，202～208頁
■ 電通法務マネジメント局編『広告法』（前掲）146～151頁，342～344頁
■ 大元慎二編著『景品表示法（第5版)』（商事法務・2017年）67～88頁，166頁
■ 古川昌平著『エッセンス景品表示法』（商事法務・2018年）100～119頁
■ 赤羽根秀宜著『Q&A 医薬品・医療機器・健康食品に関する法律と実務』（日本加除出版・2018年）19～20頁，165～169頁

(AI)

第Ⅱ部　広告表示の法的規制　Q&A

Q3　使用体験を利用した健康食品のテレビCM
─健康増進法・景品表示法・薬機法

健康食品（健康茶・黒酢など）のテレビCMで，著名な芸能人をはじめ
とした個人に使用体験を語らせ，その食品の効果を宣伝する方法がしば
しば用いられていますが，このような方法に問題はないですか。

ポイント　誇大広告，誤認表示にならないよう注意

A　本問のような方法を用いた健康食品の広告宣伝は，健康食品の種類・表
現方法によっては，①**虚偽誇大表示の規制**（健康増進法31条1項），②**優良誤
認表示の規制**（景品表示法（以下「景表法」といいます）5条1号），③**有利
誤認表示の規制**（同条2号），および④**承認前の医薬品等の広告の禁止**（医薬
品，医療機器等の品質，有効性及び安全性の確保等に関する法律（以下「**薬機
法**」といいます）68条）に抵触する可能性がありますので，注意が必要です。

［検討］

1　対象となる表示

　健康食品に関する法の具体的な適用に関する留意事項について，消費者庁は，
「健康食品に関する景品表示法及び健康増進法上の留意事項」（後掲公的基準等
①，以下「健康食品ガイドライン」といいます）を設けています。
　「健康食品」は，健康食品ガイドライン第2．1．(1)において，「健康保持増
進効果等を表示して食品として販売に供する物」（いわゆる健康補助食品，サ
プリメントなど）と定義されています。このうち「健康の保持増進の効果」に
ついては，健康食品ガイドラインにおいて「健康状態の改善又は健康状態の維
持の効果」と説明され，具体的な例示が挙げられています。健康保持増進効果
等を暗示的または間接的に表現する場合も，健康保持増進効果等についての表
示に当たるとされています。

36

§1 消費者保護

2 健康増進法の規制

健康保持増進効果等について,「著しく事実に相違する表示をし,又は著しく人を誤認させるような表示」は,①虚偽誇大表示の規制(健康増進法31条1項)に抵触します。ここで,「著しく」について,例えば,消費者が,その食品を摂取した場合に実際に得られる真の効果が広告その他の表示に書かれたとおりではないことを知っていれば,その食品に誘引されることは通常ないと判断される場合は,「著しく」に該当するとされています(健康食品ガイドライン第3.4.(2))。個人に使用体験を語らせる場合,当該個人が実際には感じていない,または不確実/不正確な健康保持増進効果等を語らせたり,一部の都合の良い体験談のみを引用したりして,誰でも容易に効果が期待できるかのように表示した場合,この規制に抵触するおそれがあります。「個人の感想です」,「効果を保証するものではありません」等の表示をしたとしても,表示全体として一般消費者に誤認を与える場合,なお虚偽誇大表示に当たるとされています。

虚偽誇大表示の規制に違反した場合,行政指導や,勧告命令・社名公表等がなされるおそれがあります。

3 景表法の規制

健康食品について,個人に「実際のものよりも著しく優良」と誤認される体験を語らせたり,事実に反して他社よりも「著しく優良」と誤認される体験を語らせたりすると,②優良誤認表示の規制(景表法5条1号)に抵触します。ここで,「著しく」とは,「当該表示の誇張の程度が,社会一般に許容される程度を超えて,消費者による商品・サービスの選択に影響を与える場合」をいうとされています(健康食品ガイドライン第3.4.(1))。

さらに,健康食品の価格その他の取引条件について,事実に反して他社よりも「著しく有利」と誤認されるような表示をすると,③有利誤認表示の規制(景表法5条2号)に抵触します。

第Ⅱ部　広告表示の法的規制　Q&A

　これらの誤認表示の規制に違反した場合，措置命令，社名公表に加え，課徴金納付命令がなされるおそれがあります。また，芸能人の広告上の発言や表現に誤認を生じさせるようなものが含まれていた場合に，詐欺行為の幇助をしたとして当該芸能人に不法行為責任（民法709条）が認められたケースもあります（後掲参考判例②）。

4　薬機法の規制

　「糖尿病，高血圧，動脈硬化の人に」，「ガンに効く」，「疲労回復」など，「医薬品的な効果効能を標ぼうするもの」は，当該健康食品が医薬品として承認を受けていない限り，表示することはできません（**④承認前医薬品等広告の禁止―薬機法68条**，後掲参考判例①も参照）。承認前医薬品等の広告の禁止に違反した場合，中止命令がなされるおそれがあります。

▌参照すべき公的基準等

①　消費者庁「健康食品に関する景品表示法及び健康増進法上の留意事項」（「健康食品ガイドライン」）（平成28年6月30日制定）
②　「健康増進法に規定する特別用途表示の許可等に関する内閣府令」（平成21年内閣府令第57号）

▌お勧め参考文献

■ 赤羽根秀宜『Q&A 医薬品・医療機器・健康食品等に関する法律と実務』（前掲）157頁
■ 大元慎二編著『景品表示法（第5版）』（前掲）70頁
■ 古川昌平『エッセンス景品表示法』（前掲）59〜119頁

▌参考判例

①　東京地判平成19・3・12「アガリクス書籍広告事件」（刑事事件有罪判決）
②　大阪地判昭和62・3・30「原野商法タレント事件」（判例時報1249号35頁）

（YK）

§1 消費者保護

Q4 化粧品の広告における「シワが消える」という表示
—薬機法，景品表示法

化粧品の広告表示において，「シワが消える」や「シワやたるみを防ぐアンチエイジングケア」などの表現を使用することに問題はありませんか。

ポイント 化粧品としての効能効果を逸脱しないよう留意

A 化粧品にシワに対する直接的または改善的な効能効果があるような表現は，適正な表示の範囲を超えますので認められません。これらの商品を広告表示する際には，「化粧品のうるおい」などで，「シワを目立たなくする」という物理的効果が基本的な表現であり，物理的効果に特化した表示となるよう留意する必要があります。万一，この範囲を逸脱しますと，医薬品医療機器等法（以下「薬機法」といいます）66条1項の解釈・運用基準である「**医薬品等適正広告基準**」（後掲公的基準等①）（第4（基準）3(3)）に抵触するおそれがあります。

[検討]

承認を要しない化粧品の効能効果についての表現は，「**医薬品等適正広告基準**」第4（基準）3(2)に定められているように，「平成23年7月21日薬食発0721第1号厚生労働省医薬食品局長通知（化粧品の効能の範囲の改正について）」（後掲公的基準等②）に定める範囲を超えてはならないとされています。この通知（別表）の「図表」によれば，「化粧崩れを防ぐ」，「小じわを目立たなく見せる」，「みずみずしい肌に見せる」などのメイキャップ効果（物理的効果）や，「清涼感を与える」，「爽快にする」などの**使用感を表示する広告表示**は，事実に反しない限り認められるとされています。また，日本化粧品工業連合会では「**化粧品等の適正広告ガイドライン**」という自主基準（後掲自主的基準等）を設け，その3条で，例えば，「エイジングケアで若さは再び戻ります」や「シワやたるみを防ぐエイジングケア」という表現は，化粧品の効能効果の

39

第Ⅱ部　広告表示の法的規制　Q&A

範囲を逸脱したものと規定しています。

　さらに，景品表示法に基づき，「**化粧品の表示に関する公正競争規約**」（後掲公的基準等③）が設けられています。これは，基本的には業界が定めた自主的なルールですが，景品表示法31条の規定に基づき，公正取引委員会および消費者庁の認定を受けたものであり，通常，これを順守していれば，景品表示法や薬機法に抵触することはありません。しかし，規約に違反した場合には，規約の運用機関として設置された「化粧品公正取引協議会」によって，違約金等の措置がとられることになります。また，その違反行為が景品表示法や薬機法に抵触すれば，法律に基づく制裁を受けるおそれもあります。

　この公正競争規約の拘束を受けるのは，規約に参加している事業者（いわゆるインサイダー）のみですが，この規約に参加していない事業者（いわゆるアウトサイダー）が虚偽・誇大な広告を行った場合には，この規約が１つの規範となり，消費者庁により景品表示法に基づいた措置が行われることになります。なお，この公正競争規約には，不当表示の禁止（10条），違反に対する措置（15条）などが定められています。

　効能効果の表示については，薬機法で許容される範囲内において表示しなければならないと定める一方，「肌荒れを防ぐ」，「肌を引きしめる」，「肌を滑らかにする」は許されるが，「肌を白くする」，「肌をきれいにする」は禁止されています。また，「新製品」，「新発売」などの用語は，発売後６カ月（１年に改正される予定）を過ぎると使用できないと定められています。さらに，この規約に違反した事業者に対する当該団体の措置として，文書で警告がなされ，これに従わない場合には30万円以下の違約金または除名処分が課されます（15条）。

▌参照すべき公的基準等

①　医薬品等適正広告基準（第４（基準）３）（平成29年９月29日薬生発0929第４号厚生労働省医薬・生活衛生局長通知）
②　平成23年７月21日薬食発0721第１号厚生労働省医薬食品局長通知「化粧品の効能の範囲の改正について」（付属図表）

§ 1　消費者保護

③　化粧石けん公正取引協議会「化粧品の表示に関する公正競争規約（コード番号57）」（昭和46年10月22日認定。直近の改正：平成30年2月16日）

参照すべき自主的基準等

- 化粧品等の適正広告ガイドライン（日本化粧品工業連合会　2008年3月制定，2017年5月改正）

お勧め参考文献

- 電通法務マネジメント局編『広告法』（前掲）177～184頁
- 伊従・矢部編『広告表示規制法』（前掲）205頁，209～211頁
- 古川昌平『エッセンス景品表示法』（前掲）210～214頁
- 岡田米蔵・梁瀬和男『広告法規（新訂第一版）』（商事法務・2006年）155頁

(TY)

第Ⅱ部　広告表示の法的規制　Q&A

Q5　病院および薬局の広告規制─医療法

薬局，病院，診療所の広告表示は，どのような規制を受けますか。

ポイント　薬局は条例，病院，診療所は虚偽広告等の規制に留意

A　薬局が行う広告表示については，条例で規制している都道府県があります。例えば，東京都は，「薬局等の行う医薬品の広告の適正化に関する条例」を制定しています。医薬品の過剰な消費と濫用の助長を防止することを目的としています。また，「**薬局業務運営ガイドライン**」（後掲公的基準等①）が発せられており，その15項（広告）において，「地域保健医療に貢献する薬局として，国民及び医療関係者の信頼を損なうことのないよう，品位ある広告に留意すること」と規定されています。

　次に，病院や診療所の広告表示については，医療法および同法に基づく**医療広告ガイドライン**（後掲公的基準等②）による規制が行われています。

[検討]

1　病院，診療所に対する医療法に基づく広告規制

①　広告禁止事項

　医療法6条の5第1項は，**病院**（医療法1条の5第1項。20人以上の患者を入院させるために施設を有するもの）や**診療所**（同1条の5第2項。入院させる施設を有しないもの，または19人以下の患者を入院させる施設を有するもの）に関して，「虚偽の広告をしてはならない」としています。

　また，同条2項は，広告が「医療を受ける者による医療に関する適切な選択を阻害することがないよう」にするための基準として，比較広告，誇大広告，公序良俗に反する内容の広告を禁止しています。また，その他省令で定める基準に適合しなければならないとしています。

　さらに，同条3項は，医療に関する適切な選択が阻害されるおそれが少ない

場合として省令で定める場合を除いて，同項により広告可能とされる事項以外の広告をしてはならないとしています。

禁止される広告の具体的な内容は「医療広告ガイドライン」（後掲公的基準等②）第3に記載されており，その概要は以下のとおりです。

(a) 広告が可能とされていない事項の広告（例：術後生存率50パーセント）

(b) 虚偽広告（例：絶対安全な手術です！）

(c) 比較優良広告（例：肝臓がんの治療では，日本有数の実績を有する病院です。著名人も当院で治療を受けております。）

(d) 誇大広告（例：知事の許可を得た病院です！　こんな症状が出ていれば命に関わりますので，今すぐ受診ください。）

(e) 患者等の主観に基づく，治療等の内容または効果に関する体験談

(f) 治療等の内容または効果について，患者等を誤認させるおそれがある治療等の前または後の写真等

(g) 公序良俗に反する内容の広告表示

(h) その他
- 品位を損ねる内容の広告表示
- 他の法令または他の法令に関するガイドラインで禁止される内容の広告表示

②　広告可能事項

広告できる事項は，例えば，医師である旨，診療科，病院の名称，診療日などであり，医療法6条の5第3項1号から14号に定められています。

③　広告可能事項の限定解除

同条3項により，医療に関する適切な選択が阻害されるおそれが少ない場合として省令で定める場合には，広告可能事項以外の事項についても広告することができるとされています。

例えば，医療機関のウェブサイト等については，一定の条件の下に広告可能

第Ⅱ部　広告表示の法的規制　Q&A

事項以外の事項についても広告することができるとされています（医療広告ガイドライン第4参照）。なお，医療機関のウェブサイト等は平成30年改正前の医療法においては，規制対象となる広告表示ではないとされていました。

④ 「広告」該当性

　また，医療法の規制の対象となる「広告」は，①患者の受診を誘引する意図があること（誘因性）および②医業もしくは歯科医業を提供する者の名前もしくは名称または病院もしくは診療所の名称が特定可能であること（特定性）の2要件を充足するものであるとされています（医療広告ガイドライン（後掲公的基準等②）第2参照）。

2　その他の規制

　赤十字以外の病院が白地に赤色の十字マークを許可なく使用することは禁じられており，違反した場合，刑罰を科されるおそれがあります（赤十字の標章及び名称等の使用の制限に関する法律4条）。

参照すべき公的基準等

① 「薬局業務運営ガイドライン」（平成5年4月30日薬発第408号　厚生省医務局長通知）
② 「医業若しくは歯科医業又は病院若しくは診療所に関する広告等に関する指針（医療広告ガイドライン）」（平成30年5月8日厚生労働省医政発第0508第1号）
③ 「薬局等の行う医薬品の広告の適正化に関する条例」（昭和53年条例第31号）

お勧め参考文献

■ 赤羽根秀宜『Q&A 医薬品・医療機器・健康食品等に関する法律と実務』（前掲）194～196頁
■ 電通法務マネジメント局編『広告法』（前掲）344～347頁

(AI)

§1 消費者保護

Q6 医療機器（整水器）の広告表示─薬機法

浄水器と整水器の広告表示を，それぞれ単独で，または同時に同一の媒体で掲載する場合，どのような点に留意が必要でしょうか。

ポイント 性質の異なる規制に注意

A 「浄水器」と「整水器」は似通った名称を有していますが，前者は「医療機器」ではなく，後者は「医療機器」（医薬品，医療機器等の品質，有効性及び安全性の確保等に関する法律（以下「薬機法」といいます）2条4項）という，全く異なった性質のものです。

第一に，**浄水器単独**で広告表示をする場合，医療機器であるかのような効能効果を記載すると，**承認前の医薬品等の広告の禁止**（薬機法68条）に抵触するおそれがあります。

第二に，**整水器単独**で広告表示をする場合，整水器は医療機器とはいえ，どのような効能効果を表示しても問題ないというわけではありません。医療機器としての承認を受けた範囲を超えて効能効果を表示すると，法に抵触します（同法66条～68条）。

第三に，浄水器（医療機器ではない）と整水器（医療機器）を**同一紙に掲載**する場合，同一紙に掲載すること自体が直ちに法令に抵触するものではありません。ただし，それぞれの性質の差異を明確に認識できるように，表現方法に留意する必要があります。

[検討]

1 浄水器と整水器の定義

浄水器とは，濾材または逆浸透膜を用いて水道水に含まれる残留塩素等の不純物を物理的に除去または減少させる機器（日本工業規格（JIS）では「家庭用浄水器試験方法」と規定されています）であり，医療機器ではありません。

45

第Ⅱ部　広告表示の法的規制　Q&A

これに対して，整水器は，水道水に含まれる不純物を物理的に除去または減少させた後，電気分解して，アルカリ性電解水を生成させる医療機器，すなわち，「アルカリイオン整水器」であり（JISでは「家庭用電解水生成器」と規定され，また，後掲公的基準等①においては，「貯槽式電解水生成器」および「連続式電解水生成器」と規定されています），その販売については，医療機器「医療用物質生成器」として，承認（薬機法23条の2の23第1項）を取得する必要があります。それぞれの広告表示については，それぞれ別の留意事項があります。

2　浄水器単独の広告表示

　浄水器は医療機器ではないため，その広告表示に対して，薬機法による制約は原則として及びません。しかし，浄水器を通した水について，「アレルギー性疾患が治る」など，あたかも疾病の予防や治療に効果があるように広告表示すると，薬機法68条（承認前の医薬品等の広告の禁止）に抵触しますので，表現に注意する必要があります。

3　整水器単独の広告表示

　整水器については，厚生労働省告示第112号，同第445号において，「胃腸症状改善」の効能効果が認められており，当該効能効果に限り，広告において表示することが可能です。ただし，「連続式電解水生成機器等の広告における表現・表示の自主基準」は，「胃腸症状改善」について，「胃もたれ等の胃の不快感を和らげます」，「胃腸の働きを助け，お通じを良好にします」の枠内にとどめ，承認・認証を受けた効能効果とは明確に区別するよう規定していますので，留意が必要です。

4　浄水器・整水器いずれも含まれる広告表示

　浄水器と整水器を同じ紙面などに広告表示する場合，名称が似ているため混同を招くおそれがありますので，両者の違いが明確にわかるようなレイアウトや表示が必要になります。薬機法で医療機器と認められている機器と認められ

§1 消費者保護

ていない機器を同一紙などに掲載すること自体は規制されていません（後掲公的基準等②③参照）。しかし，消費者が医療機器でない機器について医療的な効能効果があるかのように誤認するおそれがあるため，その広告表示に十分注意する必要があるのです。万一，浄水器に医療的効能効果があるかのような表示をした場合，**1**で述べたように，薬機法上の問題（68条への抵触など）の発生を避けて通ることができません。

参照すべき公的基準等

① 厚生労働省「医薬品，医療機器等の品質，有効性及び安全性の確保等に関する法律第二十三条の二の二十三第一項の規定により厚生労働大臣が基準を定めて指定する医療機器」（平成17年3月25日厚生労働省告示第112号，最終改正：平成26年11月25日厚生労働省告示445号）
② 厚生労働省医薬・生活衛生局長通知「医薬品等適正広告基準の改正について」（平成29年9月29日医生発0929第4号）別紙「医薬品等適正広告基準」
③ 厚生労働省医薬安全局監視指導課長通知「医薬品等の広告について」（平成10年3月31日医薬監第60号）

参照すべき自主的基準等

■ 一般社団法人日本ホームヘルス機器協会「連続式電解水生成器等の広告・表示における自主基準」（平成17年4月1日制定）

お勧め参考文献

■ 赤羽根秀宜『Q&A 医薬品・医療機器・健康食品等に関する法律と実務』（前掲）119～120頁，141頁
■ 電通法務マネジメント局編『広告法』（前掲）342～343頁

(YK)

第Ⅱ部　広告表示の法的規制　Q&A

Q7　エステティックに関する広告表示の規制
―景品表示法，特定商取引法，消費者契約法

エステティックサロンの広告表示に対する規制について教えてください。

ポイント　医療行為や医療機器と誤認させない表示を

A　エステティック業に関する業法は存在せず，エステティシャンには，医師や薬剤師，あん摩マッサージ指圧師のような国家資格も必要ありません。誰でも自由に参入できることもあり，紛らわしい広告表示によるトラブルが続いています。

　例えば，施術内容に関する広告表示において，合理的根拠なく「この施術が受けられるのは，ここだけ！」，「わずか2週間で10キロやせる」と掲げるものは，優良誤認表示（景品表示法5条1号）に当たるおそれがあります。また，サービスの価格について，「キャンペーン中につき，今は5,000円」と謳っているが，常に5,000円で提供している実態がある場合，有利誤認表示（同法5条2項）に当たります。

　また，役務提供期間が1カ月を超え，かつ契約金額が5万円を超えるエステティックは特定継続的役務提供に当たり（特定商取引法41条），内容・効果等について，著しく事実に相違する表示をし，または実際のものよりも著しく優良であり，もしくは有利であると人を誤認させるような表示をしてはならない（同法43条）こととされています。さらに，重要事項の不告知や強引な勧誘などがあった場合には，消費者契約法に基づいて契約の取消しができます（同法4条1項～4項）。

[検討]

　当然のことですが，エステティックサロンでは，医療行為はできません。「エステティック業統一自主基準」（後掲自主的基準等①）では，エステティック業を，「主に，手技，化粧品，機器等を用いて，人の皮膚を清潔にし，美化

し，もしくは体型を整え，または体重を減じるための指導または施術を行う事業所をいう」と定義しています。にもかかわらず，医療行為に踏み込んだ施術を疑わせるような広告表示も散見されます。例えば，「機器を用いて脂肪を破壊させる」，「シミも消せる」などがこれに当たります。また，医師免許を有する者が存在しないにもかかわらず，「レーザーによる永久脱毛ができます」などの広告を行うことは，医師法17条違反となります（後掲公的基準等）。このように，医療行為やそれと誤認されるおそれのある広告表示をすれば，医療法や医療広告ガイドライン等の規制の対象になります。また，エステティックサロンで機器や化粧品等を使用するにあたっては，医療機器ではない美顔器や痩身マシーンといった機器の効果を，あたかも医療機器によるものであるかのように広告表示してはならず（薬機法68条），化粧品等の効果の表示については薬機法のルールに従う必要があります。

　エステティック業においては，依然として，十分な説明なく高額の請求を受ける事例・カード決済を組まされる事例や，不適切な施術方法により健康被害を生ずる事例をよく耳にします。これら被害の特徴としては，施術内容によって，被害者が，**羞恥心や名誉感情から被害を表沙汰にして争うことに躊躇する**点などが挙げられます。

　これを受けて，広告表示について公的なガイドラインを制定するよう，日本弁護士連合会などの各方面から，消費者庁に対してすでに要請が出されていますが，未だ策定されるには至っておらず，公正競争規約も存在しません。

　他方，エステティック業の団体は，自主基準を定めて公表しています。例えば，エステティック業振興協議会（日本エステティック協会，日本エステティック業協会，日本エステティック工業会の3団体により構成）が策定している「エステティック業統一自主基準」は，①完全，完璧，絶対，永久，保証などの用語，②世界初，日本一など，他よりも優位であることを示す用語，③最高，一級などの最上級を意味する用語，および④治す，治療など，医師法，医療法，薬機法，医療および医療類似行為に抵触する用語は，いずれも使用を差し控えるよう定めています。また，これらのさらなる徹底を図るために「エ

第Ⅱ部　広告表示の法的規制　Q&A

ステティックの広告表記に関するガイドライン」（後掲自主的基準等②）を自主的に設けています。

■ 参照すべき公的基準等
- 厚生労働省「医師免許を有しない者による脱毛行為等の取扱いについて」（医政医発第105号医政局医事課長通知　平成13年11月8日）

■ 参照すべき自主的基準等
① 　一般社団法人日本エステティック振興協議会「エステティック業統一自主基準（第3版）」（2016年12月16日公表）
② 「エステティックの広告表記に関するガイドライン」（2017年6月18日公表）

■ お勧め参考文献
- 日本弁護士連合会「美容医療・エステにおける表示・広告の在り方及び安全性確保に関する意見書」（2013年12月19日）
- 内閣府消費者委員会「エステ・美容医療サービスに関する消費者問題についての実態調査報告書」（2011年12月21日）

(HY)

§1　消費者保護

Q8　手技による医療類似行為の広告規制
—あはき法，薬機法，景品表示法

カイロプラクティックなどの手技による医療類似行為の広告については，どのような法的規制が行われていますか。

ポイント　「がんに効く」などの広告表示にならないよう留意

A　医師以外の者が行う医業または診療・治療行為を「医療類似行為」または「医業類似行為」といいます。現在，**法律で認められている「医療類似行為」**は，①あん摩マッサージ指圧師，②はり師，③きゅう師，および④柔道整復師（整骨院）の4つです。法規制を受けるこの4つの業務の広告表示の規制については，特定の法律（あん摩マッサージ師等に関する法，以下「**あはき法**」といいます）が設けられています。医療行為ではありませんので，医療関係の法律や関連通達などは適用されませんが，合理的根拠を示すことができない広告表示をすれば，景品表示法の不当表示（5条1号，優良誤認）に抵触することになります。

他方，**法律に基づかない医療類似行為**（いわゆる「**民間療法**」）には，カイロプラクティックや整体・骨盤矯正（**整体院**）などがあり，基本的には，景品表示法（5条1号，優良誤認）による広告表示規制の対象となります。

[検討]

あん摩業，マッサージ業，指圧業，はり業，もしくはきゅう業，またはこれらの施術所に関しては，法定以外の事項について広告してはならないと定められています（あはき法7条1項）。また，これらについて広告表示する場合にも，その内容は，施術者の技能，施術方法，または経歴に関する事項にわたってはならないとされています（同法7条2項）。

この広告表示規制（7条）については，「表現の自由」（憲法21条）を根拠に，**きゅうの適応症**として，神経痛，リュウマチなどの病名を記載したチラシ（約

51

第Ⅱ部　広告表示の法的規制　Q&A

7,000枚）を施術所の周辺地域に配布したきゅう業を営む業者が，第一審で**2,000円の罰金**を科され，最高裁まで争った事件があります（後掲参考判例）。最高裁の結論は，「7条の規制は合憲」でしたが，2人の裁判官の「補足意見」と3人の裁判官の少数意見が付され，話題になりました。この判決については，正当な広告表示までも一切禁止する厳しすぎる面があるという批判があり，将来，見直されるかもしれません。

　柔道整復師の広告表示についても，ほぼ同じ趣旨の規制が設けられています（柔道整復師法24条2項）。

　カイロプラクティックとは，WHOの定義によりますと，「神経筋骨系の障害とそれが及ぼす健康全般への影響を診断，治療，予防する専門職で，関節アジャストメントおよび（又は）マニュピレーションを含む徒手療法を特徴とする」ものであり，後掲自主的基準等に掲げた協会のガイドラインも，これに準拠しています（同ガイドライン1．参照）。しかし，法の規制がないため，「病気が治った」，「昨日まで寝たきりであったが，歩けるようになった」というような類の疑わしい広告表示が散見され，このような広告は，合理的な根拠がなければ，景品表示法の不当表示（5条1号）に抵触するだけではなく，医薬品医療機器等法（以下「薬機法」といいます）66条に抵触することになります。このため，一般社団法人日本カイロプラクターズ協会は，広告表示の適正化に向けて，「**カイロプラクティックの広告に関するガイドライン**」（後掲自主的基準等）を自主的に制定し，このガイドラインの中で，「診察」，「診療」といった医師法に抵触する言葉は使用しない，**適応症**については腰痛，頭痛，首の痛み，肩こりなどの症状とする，などを定めています。

　他方，厚生省（当時）は，カイロプラクティック療法にかかる誇大広告のうち，特に，がんに効くなどの医療的有効性を謳った広告表示については，「あはき法7条1項」または「薬機法66条」による規制の対象になることを，通達（後掲公的基準等）によって早くから明らかにしていますので，留意が必要です。このほか，この通達は，カイロプラクティック療法の対象にすることが適当でない疾患の例として，心疾患，椎間板ヘルニア，変形性脊椎症などを挙げ

52

ています。また，頸椎に対する施術についても，特に注意を喚起しています。

「整体」は，その技術や理論が整理・体系化されていないため，統一的に扱うことが困難であり，公的な基準や見解は今のところ示されていません。ただし，「カイロプラクティック」と「整体」は，脊椎などの骨格を操作することによって身体の健康と正常な機能を回復させるという大まかな治療概念では一致しているといわれています。

参照すべき公的基準等
- 厚生省「医業類似行為に対する取扱いについて」（健康政策局医事課長通知1991年（平成3年）6月28日　医事第58号）

参照すべき自主的基準等
- 一般社団法人日本カイロプラクターズ協会「カイロプラクティックの広告に関するガイドライン」（2013年（平成25年）1月18日制定）

参考判例
- 最高裁大判昭和36・3・26「きゅう適応症ビラ配布違反被告事件」（刑集15巻2号347頁）

お勧め参考文献
- 伊従・矢部編『広告表示規制法』（前掲）58頁，298～301頁
- 独立行政法人国民生活センター「手技による医療類似行為の危害」（平成24年8月2日　新聞報道資料）2頁以下

（TY）

第Ⅱ部　広告表示の法的規制　Q&A

Q9　通信販売における「全額返金」
──特定商取引法，景品表示法

健康食品等の通信販売に関する広告表示で，「ご満足いただけなければ，
商品代金を全額返金いたします」と謳うことに対する法規制は，どのよ
うに定められていますか。

ポイント　特商法上の表示義務違反，誇大広告等にならないよう注意

A　通信販売は，特定商取引法（以下「特商法」といいます）において，特
定商取引の一種として（1条，2条2項），各種の規制が定められています。
また，通信販売に関する広告表示は，取引に関する広告表示であるため，基本
的には景品表示法（以下「景表法」といいます）の表示規制の対象にもなりま
す。通信販売業者としては，法令等を遵守することはもちろんのこと，無用な
トラブルを避けるためにも，消費者にとってわかりやすい広告表示を行うこと
が肝要です。

　健康食品等の通信販売における「全額返金」表示は，それ自体が法令等で禁
止されているわけではありませんが，特商法における広告の表示義務（11条）・
誇大広告等の禁止（12条）や，景表法における有利誤認表示（5条2号）等の
規制に抵触するおそれがありますので，表示方法に注意が必要です。

［検討］

　特商法の規制を受ける「通信販売」は，同法2条2項で定義が定められてお
り，例えば，新聞や雑誌，テレビ，インターネット上のホームページ（イン
ターネット・オークションサイトを含みます）等による広告や，ダイレクト
メール，チラシ等を見た消費者が，郵便や電話，ファクシミリ，インターネッ
ト等で購入の申込みを行う取引方法（ただし，「電話勧誘販売」（同法2条3
項）に該当するものは除きます）をいうとされています（後掲公的基準等）。

　「通信販売」については，行政規制として，①広告における表示義務（特商

法11条），②誇大広告等の禁止（同法12条），③未承諾者に対する電子メール広告の提供の禁止（同法12条の3・12条の4），④未承諾者に対するファクシミリ広告の提供の禁止（同法12条の5）⑤前払式通信販売の承諾等の通知義務（同法13条），⑥契約解除に伴う債務不履行の禁止（同法14条），⑦顧客の意に反して契約の申し込みをさせようとする行為の禁止（同法14条）などが定められています。これらの規定に違反した通信販売業者は，行政処分（一定期間の業務停止等）や罰則等の制裁の対象になります。

　契約解除→返品に関する民事ルールとして，「クーリング・オフ制度」は設けられていませんが，それに代わるものとして，商品を受け取った日を含めて8日間以内であれば，消費者の送料負担で返品ができると定められています（同法15条の3）。もっとも，通信販売業者が広告表示であらかじめ，契約申込みの撤回や解除につき，特約（例えば，「商品に欠陥がある場合を除き，返品には応じません」）を表示していた場合は，その特約によることになります。この「返品特約」の表示については，同法11条に基づく施行規則9条3号および16条の2において，「顧客にとって見やすい箇所に明確に判読できるように表示する」よう定められています。消費者庁のホームページ（後掲公的基準等）にも，具体的な表示方法についての説明がありますので，参考にするとよいでしょう。

　例えば，本問のように，「ご満足いただけなければ，商品代金を全額返金いたします」と広告表示しているにもかかわらず，返金に応じない場合，通信販売業者は，広告における表示義務（同法11条），誇大広告等の禁止（同法12条），有利誤認表示規制（景表法5条2号）等に違反することになり，やはり行政処分や罰則等の制裁の対象となります。

　しかし，これらのルールにもかかわらず，実際のケースでは，通信販売業者が広告表示に明示されていない条件をいろいろと持ち出し，返金に応じないというトラブルも多いようです。トラブルになれば，行政処分だけではなく，消費者から民事責任を問われることにもなりますので，通信販売業者には，法令等を順守した節度ある行動が求められます。

第Ⅱ部　広告表示の法的規制　Q&A

参照すべき公的基準等

- 消費者庁HP「特定商取引法ガイド」

お勧め参考文献

- 圓山茂夫『詳解　特定商取引法の理論と実務〔第4版〕』（民事法研究会・2018年）323～326頁
- 奈良恒則監修『特定商取引法・景品表示法のしくみと対策』（三修社・2016年）52～62頁

(YK)

§1 消費者保護

Q10 訪問販売に関する規制―特定商取引法

寝具の訪問販売において，販売員が「就寝中にマイナスイオンが発生し，医学的な効果がある」と口頭で説明しました。この説明は問題ありませんか。

ポイント 「不実告知」に該当するリスクに留意

A 訪問販売は特定商取引法（以下「特商法」といいます）の規制を受ける取引です（同法第二節）。訪問販売に係る売買契約の勧誘に際して，商品の性能・品質等について，不実のことを告げる行為（以下「不実告知」といいます）が禁止されており（同法6条1項1号），契約の申込者は意思表示を取り消すことができます（同法9条の3）。主務大臣から販売業者は合理的な根拠を示す資料の提出を求められる場合があり，その提出がない場合は，不実告知を行ったものとみなされます（同法6条の2）。そのため，「就寝中にマイナスイオンが発生し，医学的な効果がある」という上記の説明は，合理的な根拠を示す資料の提出がなされない限り，不実告知に該当し許されません。

不実告知を行った場合，業務改善の指示（7条），業務停止命令（8条），業務禁止命令（8条の2）といった行政処分のほか，刑事罰（70条。3年以下の懲役または300万円以下の罰金）の対象となります

また，公益社団法人日本訪問販売協会の「訪問販売企業の自主行動基準」（後掲自主的基準等①）の「自主行動基準細則」の『商品別禁止事項』（後掲自主的基準等②）「②寝具の禁止事項」も，「薬機法の医療用具として認められていないにもかかわらず，「治る」等の効能効果を告げること」を禁じています。

さらに，販売の対象となる商品に疾病の治療や予防に効能効果があるかのような表示をすることは，薬機法68条に抵触するおそれがあります。また，不実告知した内容が合理的根拠を欠く場合，景品表示法上，優良誤認表示（同法5条1号）に該当するおそれもあります。

57

第Ⅱ部　広告表示の法的規制　Q&A

［検討］

1　訪問販売に対するその他の規制

　「訪問販売」の典型例は，事業者が消費者の自宅を訪問して商品の販売契約をする取引ですが，いわゆるキャッチセールスやアポイントメントセールスも訪問販売に含まれます（定義については，特商法２条参照）。

　通信販売の場合と異なり，誇大広告等の規制に関する規定は設けられていません。もっとも，事業者は，訪問販売を行うときには，勧誘に先立って事業者の氏名，勧誘の目的があること，商品の種類について明示しなければなりません（同法３条）。また，消費者保護の観点から，契約を締結しない旨の意思表示をした者に対する勧誘（いわゆる居座りなど）や再度の来訪による勧誘が禁止されています（同法３条の２）。居座りなどは，場合によっては，刑法上の不退去罪（同法130条後段）を構成することになります。

　さらに，事業者は，契約の申込みを受けたときや契約を締結したときには，特商法４条および５条に規定する事項を記載した書面（**法定書面**）を消費者に交付する義務があります。

　なお，訪問販売の場合は，同法９条１項において，いわゆる「**クーリング・オフ制度**」が定められており，契約の申込みまたは承諾をした者は，無条件で，同法５条の書面を受領した日（その日より前に同法４条の書面を受領した場合は，同法４条の書面を受領した日）から８日（初日算入）以内に，**書面による通知**を発信することにより当該契約の申込みを撤回または契約を解除することができるようになっています。

2　訪問販売企業の自主行動基準

　上記で触れた寝具のほか，「自主行動基準細則」の『商品別禁止事項』は，学習材料，下着，化粧品，健康食品，掃除機，美顔器・美容器具，浄水器，健康器具，住宅リフォーム・耐震補強・駆除防除等についての禁止事項を定めています。

§1 消費者保護

参照すべき公的基準等

- 消費者庁「特定商取引法ガイド」（HP）
- 経済産業省商務情報政策課「特定商取引に関する法律第6条の2等の運用指針—不実勧誘・誇大広告等の規制に関する指針—」（平成16年11月9日）

参照すべき自主的基準等

① 公益社団法人日本訪問販売協会 「訪問販売企業の自主行動基準」（平成14年3月28日制定，平成26年10月6日改定）

② 公益社団法人日本訪問販売協会 「自主行動基準細則『商品別禁止事項』」（平成14年3月28日制定，平成24年4月1日改定）

お勧め参考文献

- 奈良恒則監修『特定商取引法・景品表示法のしくみと対策』（前掲）28～71頁
- 圓山茂夫著『詳解 特定商取引法の理論と実務〔第4版〕』（前掲）27～277頁

(AI)

59

第Ⅱ部　広告表示の法的規制　Q&A

Q11　重要事項の不実告知および不利益事項の不告知
―消費者契約法

腰痛に悩まされていたところ，チラシの体験広告で「腰痛が治った」という記事を見て問い合わせをしました。担当者がすぐ訪ねてきて，「これを飲めば絶対に治る」といわれて，信用して健康食品を購入しましたが，効果は全くありませんでした。この場合，この契約を取り消すことはできますか。

ポイント　契約の取消には，期限のリスクがあるので留意

A　この事例は，**広告表示**，すなわち「申込みの誘引（勧誘）」の問題というよりは，むしろ「契約の申込みをした後における消費者保護の問題」，つまり，**消費者契約法上の問題**です。消費者契約法は，民法の契約取消しの原則を一部修正し，いったん成立した消費者契約についても，消費者（**個人に限られます**）に対し，契約締結後における**契約の取消権**を認めています（4条1項1号）。本問の場合，**重要事項の不告知**に該当しますので，消費者（個人）は，効能効果がないことに気づいた時点で，遅滞なく事業者へ通知をすること（通知の到達）により，当該契約を取り消すことができます。取り消された場合，契約は最初に遡って無かったものとなります。

[検討]

　消費者契約法は，事業者が，消費者に対して商品の購入やサービスの利用の**勧誘**に際し，**重要事項**（4条5項。契約を締結するか否かに通常影響を及ぼす事項）に関して，事実と異なることを告げ（**不実告知**。故意であるか否かを問いませんから，販売担当者の勘違いも含まれます），消費者が誤認して，その結果，契約の申込みまたは承諾をした場合，消費者はこれらの意思表示を取り消すことができると定めています（4条1項1号）。この「**重要事項**」には，例えば，販売価格などの取引条件，商品の効能効果，品質，性能などが含まれ

ますが,「新鮮」,「安い」といった**主観的評価**は,不実告知の対象にはなりません。

「**断定的な判断の提供**」（4条1項2号）の場合にも契約の取消しができます。故意か否かは問いません。「値上がりが確実（不動産売買）」,「確実に儲かる（商品先物取引）」などがこれに該当します。「ギャンブルで100％勝つ」も,原則として同様に扱われます。ただし,「パチプロ」がパチンコ攻略情報の契約をした場合には,「事業のための契約（個人事業主）」とみなされ,消費者契約法は適用されません。

また,「**不利益事実の不告知**」（4条2項）の場合も,原則として契約の取消しができます。例えば,マンションの販売において,「数カ月後に正面にビルが建つ」という情報は,眺望や日照に関係するので不利益事実に該当します。ただし,消費者が,「その具体的な説明は不要である」と,承知の上で明確に意思表示した場合は,この限りではありません。

「**困惑による契約の取消し**」（4条3項）も認められています。困惑には,事業者が契約の勧誘訪問の際に,居直ること（不退去）などが該当します。

ただし,契約の取消しには,**期間の制限**（期限のリスク）がありますので,注意が必要です。すなわち,契約を追認することができる時,すなわち,「取消しの原因となっている状況が消滅した時（民法124条1項）から1年,または契約の日から5年間経過すると,消費者契約法による取消しはできなくなります（7条1項）。なお,契約の取消しは,善意の第三者には対抗できません（4条6項）。

このほか,消費者契約法は,不当条項の無効化（8条1項）により,消費者を保護しています。例えば,遅延損害金や損害賠償額の予定などで問題になる契約条項です。契約自由の原則にかかわらず,合理性のない消費者に一方的に不利な契約条項は,そもそも無効であるとする制度が設けられています。また,**消費者団体訴訟制度**は,消費者契約法の特徴の1つです。ただし,消費者団体訴訟を担う団体は,内閣総理大臣に認定された資格団体（適格団体）であることが必要です（13条）。この適格団体は,後掲参考判例①が示すように,

消費者契約法違反の事業者に対して，違法行為の差し止めを請求することができます（12条）。

なお，**消費者契約法４条における**「**勧誘**」**の場合**，その手段である広告・チラシ等は，特定の者に向けられたものに限られ，不特定多数に向けられた広告・新聞折込みチラシ等は含まない，というのが従来の通説的な解釈でした。しかし，最近の最高裁判決（後掲参考判例②）は，新聞折込みのように不特定多数に向けられた手段による場合でも，「勧誘」に該当すると判示し，**景品表示法上の不当表示行為者**（チラシの配布主体）を認定していますので，留意する必要があります。

参考判例

① 「消費者契約ネットワーク（NPO適格団体）」の「アートライフ社（健康食品会社）に対する「お試し価格の誤認に基づく表示差止め事件」（京都地裁にて平成30年３月20日和解。2018年６月７日付産経新聞電子版）
② 最高裁第三小判平成29・1・24「クロレラチラシ差止請求事件」（民集71巻１号１頁）

お勧め参考文献

- 電通法務マネジメント局編『広告法』（前掲）360～365頁
- 村千鶴子『Q&Aケースでわかる市民のための消費者契約法（第５版）』（中央経済社・2016年）52～72頁，84～91頁
- 古川昌平『エッセンス景品表示法』（前掲）44～46頁

(TY)

§1 消費者保護

Q12 特定保健用食品
―健康増進法，食品表示法，食品表示基準

特定保健用食品（いわゆる「トクホ」）の表示が認められた場合のメリットは何ですか。

ポイント 保健機能食品３種それぞれの特徴に注意

A 特定保健用食品および条件付き特定保健用食品（いわゆる「トクホ」）とは，食品の持つ特定の保健の用途を表示して販売される食品で，許可マークが付されています。特定保健用食品として販売するためには，製品ごとに食品の有効性や安全性について消費者庁長官の審査を経て許可を受ける必要があります。そして，許可を受けた広告表示の範囲内であれば，健康や身体に対する効能・効果を謳っても，医薬品医療機器等法（以下「薬機法」といいます）68条（承認前の医薬品等の広告の禁止）の適用対象とならないということが，「トクホ」の最大のメリットです。ただし，許可された保健の用途を超える表示を行うことは許されません。例えば，①許可を受けた表示内容が「**食後の中性脂肪の上昇を抑える**」であるのに，「食後」を削除して「**中性脂肪の上昇を抑える**」と表示すること，②許可を受けた表示内容が「**コレステロールが気になる方に適した食品です**」であるのに，「**コレステロールの吸収を抑える**」と表示することなども問題になるおそれがあります。

[検討]

　食品（薬機法上の「医薬品」以外のすべての飲食物をいいます）の容器包装（食品表示基準２条６号に定義されています）になすべき表示については，食品表示法と同法に基づく食品表示基準（平成27年内閣府令10号）に詳細な定めが設けられています。この食品表示法は，従来，食品衛生法，JAS法および健康増進法の食品の表示に関する規定を統合することを目的として制定されました。これに従わない場合には，主務大臣による行政処分のほか（同法６条，7

63

条），罰則も適用されます（同法22条）。

　次に，「健康の維持と増進に役立つ」という機能性・優位性の表示とその規制については，**別にルール**が設けられています。すなわち，一般食品は，機能性の表示ができず，それが許されるのは**「保健機能食品」**に限られるというものです。また，「保健機能食品」には，①**特定保健用食品**（トクホ。健康増進法26条1項），②**栄養機能食品**（食品表示法4条1項，食品表示基準2条1項11号）および③**機能性表示食品**（食品表示法4条1項，食品表示基準2条1項10号）の3つが存在します。

- 「トクホ」は，すでに述べたように，消費者庁長官の審査を必要とし，科学的根拠が認められる食品に対してのみ許可されます（**個別許可型**）。
- 「栄養機能食品」は，科学的根拠が確認された栄養成分を一定の基準量含む食品であり，特に届出等を行わなくても，法が定めた基準に従って機能性を表示できる食品を意味します（**規格基準型**）。
- 「機能性表示食品」は，科学的根拠などの必要な事項を消費者庁長官に届け出れば，事業者の判断で機能性について表示することができます（**個別届出型**）。

　さらに，これら保健機能食品を含む食品の虚偽誇大表示については，健康増進法で禁止されています（31条1項）。健康増進法31条1項は，景品表示法とは異なり，「**何人も**」虚偽誇大表示をしてはならないと定めていますので，食品の製造業者，販売業者等のみならず，広告媒体社に対しても適用される点にも，留意が必要です。この条文に基づき，解釈・運用についてのガイドライン等（後掲公的基準等①〜④）が設けられています。また，業界による「適正広告自主基準」（後掲自主的基準等）も存在しています。虚偽誇大表示等に該当するか否かは，表示上の特定の文言等のみから判断されるものではなく，消費者が表示内容全体から受ける印象・認識により判断されますので，映像や画像を用いる場合には，特に留意する必要があります。

　なお，表示している機能について，実際よりも著しく優良な表示をした場合や科学的根拠がないと当局に判断された場合には，優良誤認表示（景品表示法

§1　消費者保護

5条1項）の問題にもなりますので，重ねて留意する必要があります。

参照すべき公的基準等

① 消費者庁「機能性表示食品の届出等に関するガイドライン」（平成27年3月30日制定。最終改正：平成30年3月28日）
② 消費者庁「食品として販売に供する物に関して行う健康保持増進効果等に関する虚偽誇大広告等の禁止及び適正化のための監視指導等に関する指針」（平成15年薬食発第0829007号，最終改正：平成28年3月31日消表対第512号）
③ 消費者庁「食品として販売に供する物に関して行う健康保持増進効果等に関する虚偽誇大広告等の禁止及び適正化のための監視指導等に関する指針に係る留意事項」（平成15年8月29日食案監第0829005，食安基第0829001号，最終改正平成28年4月7日消表対第548号）
④ 消費者庁「健康食品に関する景品表示法及び健康増進法上の留意事項について」（平成28年6月30日）

参照すべき自主的基準

■ 公益財団法人日本健康・栄養食品協会「特定保健用食品適正広告自主基準」（平成19年6月20日制定。最終改正平成29年3月31日）
■ 一般社団法人健康食品産業協議会・公益社団法人日本通信販売協会「『機能性表示食品』適正広告自主基準」（第1版：平成28年（2016年）4月25日）

お勧め参考文献

■ 森田満樹編著『食品表示法ガイドブック』（ぎょうせい・2016年）151〜178頁，218頁

（HY）

第Ⅱ部　広告表示の法的規制　Q&A

Q13　栄養機能食品─食品表示法，食品表示基準

栄養機能食品の容器包装における機能性の表示について，どのような点に留意する必要がありますか。

ポイント　届出は不要だが，表示のルールに注意

A　栄養機能食品とは，すでに科学的根拠が確認されている特定の栄養成分（ビタミン，カルシウムなどの20種類）の補給のために利用される食品で，栄養成分の機能を表示するものをいいます（食品表示法施行規則2条1項11号）。対象商品は，消費者に販売される容器包装（食品表示基準2条6号）に入れられた一般用加工食品および一般用生鮮食品であり，1日当たりの摂取目安量に含まれる当該栄養成分量が定められた上・下限値の範囲内にある必要があります。この範囲内にある食品であれば，届出等の手続をしなくても機能性を表示できます（**規格基準型**）。機能性の表示にあたっては，食品表示基準（食品表示法4条1項，平成27年内閣府令第10号）で表示が義務づけられた事項（一般用加工食品の場合は同基準7条，一般用生鮮食品の場合は同基準21条）および表示が禁止されている事項（同基準9条および23条）に留意する必要があり，摂取する上での注意喚起も表示する必要があります（同基準別表11参照）。

［検討］

　消費者は，容器包装の表示を見て，当該商品を購入するか否かを選択・決定しますので，この表示が果たす役割も決して軽視することはできません。

　表示できる栄養成分は同基準別表11のとおりであり，容器包装への表示については，次のような点に特に注意が必要です。

①　商品名の欄に，「商品名：○○　栄養機能食品（カルシウム）」のように，機能する栄養成分の名称を「栄養機能食品」の表示に続けて表示する。また，「栄養機能改善食品」など「栄養機能食品」と紛らわしい名称を意図的に使用することは不適正な表示となる。

66

§1　消費者保護

② 「栄養機能食品」の表示のすぐそばに，「カルシウムは，骨や歯の形成に必要な栄養素です」というように，その機能を表示する。ただし，栄養機能食品の規格基準が定められている栄養成分以外の成分の機能の表示や特定の保健の用途の表示（例えば，「ダイエットできます」など）をしてはならない（同基準9条および23条）。

③ 機能の表示のほかに，注意喚起表示（例えば，「本品は，多量摂取により疾病が治癒したり，より健康が増進するものではありません。1日の摂取目安量を守ってください」など）も記載しなければならない。

④ 1日当たりの摂取目安量：例えば，「1日当たり1本を目安にお召し上がりください」などと表示する。

⑤ 栄養成分表示：1日当たりの摂取目安量当たりの栄養成分の量を表示する。また，推定値（許容差の範囲から外れる可能性がある値）は認められない。例えば，「エネルギー0.5kcal，タンパク質0.05g，カルシウム8mg」などと表示する。

⑥ 1日当たりの摂取目安量に含まれる機能の表示を行う栄養成分の量の栄養素等表示基準値として，摂取目安量に含まれる当該栄養素量の栄養所要量に対する充足率も表示しなければならない。例えば，「カルシウム46%（334mg／1本）」などと表示する。

⑦ 注意事項として，「本品は，特定保健用食品とは異なり，消費者庁長官による個別審査を受けたものではありません」と特記し，「消費者庁長官認定企画基準適合」のような誤認を招く表示をしないようにする。

⑧ 原材料名を表示する。

お勧め参考文献
- 電通法務マネジメント局編『広告法』（前掲）230〜232頁
- 伊従・矢部編『広告表示規制法』（前掲）178頁
- 森田満樹編著『食品表示法ガイドブック』（前掲）153〜150頁

(HY)

第Ⅱ部　広告表示の法的規制　Q&A

Q14　栄養成分または熱量の表示
—食品表示法，食品表示基準

消費者向けのチョコレート菓子や飲料等の加工食品において，容器包装に「糖質ゼロ」，「低カロリー」などと栄養成分や熱量を表示する際に遵守すべき基準はありますか。

ポイント　栄養成分等の強調表示をする場合は基準値に留意

A　食品関連事業者等が加工食品，生鮮食品または添加物を販売する場合（設備を設けて飲食させる場合を除きます）について，食品表示法に基づく食品表示基準が適用されます。

　本問のような消費者向けに販売される形態となっている加工食品は「一般用加工食品」（食品表示基準3条に定義）に該当します。また，一般用加工食品の「容器包装」（食品表示基準2条6号が引用する食品衛生法4条5項に定義）への「糖質ゼロ」，「低カロリー」といった「栄養成分または熱量の適切な摂取ができる旨」の表示は，食品表示基準の別表13の基準値（後掲）に満たない場合に限りできるとされています（食品表示基準7条）。

[検討]

1　栄養成分または熱量の適切な摂取ができる旨の表示

　栄養成分または熱量の適切な摂取ができる旨の表示とは，①「含まない旨」，②「低い旨」および③「低減されている旨」を表示する場合，すなわち，その摂取量が少ない（適量である）ことを強調する場合に使用する表示であり，栄養成分やカロリーを控えめにしたいと考えている人が参考にするものです。栄養成分のうち，熱量，糖質，飽和脂肪酸，コレステロール，糖類，ナトリウムについてこのような表示をする場合には，下記のとおり，食品表示基準7条の別表13に定められている基準値に従う必要があります。

① 「**含まない旨**（「ゼロ」，「無」など）」の表示は，下の図表の基準値に<u>満たない</u>（未満である）場合に許容される旨が規定されています。この基準に適合する場合，「糖質ゼロ」，「糖類ゼロ」の表示は許されます。

② 「**低い旨**（「低」，「ひかえめ」，「オフ」など）」の表示は，同基準値に<u>満たない</u>（未満である）場合に許容される旨が規定されています。

③ 「**低減された旨**（「カロリー50％カット」など）」の表示は，(a)他の同種の食品と比べて低減された量が基準値<u>以上</u>であって，かつ，(b)他の食品に比べて低減された割合が25パーセント以上である場合に許容されることが規定されています。

別表13の基準値

表示区分 栄養成分	①含まない旨の表示の場合の基準値：	②低い旨の表示の場合の基準値：	③低減された旨の表示の場合の基準値：
熱量	5kcal （5kcal）	40kcal （20kcal）	40kcal （20kcal）
糖質	0.5g （0.5g）	3g （1.5g）	3g （1.5g）
飽和脂肪酸	0.1g （0.1g）	1.5g （0.75g）	1.5g （0.75g）
コレステロール	5mg （5mg）	20mg （10mg）	20mg （10mg）
糖類	0.5g （0.5g）	5g （2.5g）	5g （2.5g）
ナトリウム	5mg （5mg）	120mg （120mg）	120mg （120mg）

（注）　基準値は，食品100g当たり。カッコ内は，一般に飲用に供する液状の食品100㎖当たりの場合の数値。

2　比較：糖類を添加していない旨の表示

　食品本来に含まれている糖類も合わせて糖類が含まれていないことを表す「シュガーレス」，「無糖」のような表示は，上述の糖類を①「含まない旨の表示」の基準が適用になります。他方，食品の加工段階で砂糖を添加していないことを表す「**糖類無添加**」，「**砂糖不使用**」のような表示は，「糖類を添加していない旨」の表示です。当該表示は，食品表示基準7条により，(a)いかなる糖類も添加されていないこと，(b)糖類（添加されたものに限る。）に代わる原材料（複合原材料を含む。）または添加物を使用していないこと，(c)酵素分解そ

第Ⅱ部　広告表示の法的規制　Q&A

の他何らかの方法によっても，当該食品の糖類含有量が原材料および添加物に含まれている量を超えていないこと，(d)当該食品の100グラムもしくは100ミリリットルまたは1食分，1包装その他の1単位当たりの糖類の含有量を表示していること，という**4要件**をすべて満たさなければ表示することができません。

3　比較：栄養成分の補給ができる旨の表示

　容器包装に**栄養成分の補給ができる旨の表示**をする場合には，食品表示基準7条および別表12が適用になります。栄養成分の補給ができる旨の表示とは，「高い旨（「たっぷり」，「豊富」など）」，「含む旨（「含有」など）」および「強化された旨（「増量」，「UP」など）」を表示する場合，すなわち，栄養成分が不足している場合に，**補給できる栄養成分の量が多いことを強調する場合**に使用する表示であり，栄養成分の不足を補いたいと考えている人が参考にするものです。栄養成分のうち，たんぱく質，食物繊維，亜鉛，カリウム，カルシウム，鉄，銅，マグネシウム，ナイアシン，パントテン酸，ビオチン，ビタミンA，B1，B2，B6，B12，C，D，E，Kおよび葉酸についてこのような表示をする場合には，別表12に定められている基準値に従う必要がありますが，紙面の都合上，基準値（図表）の記載は割愛します。

参照すべき公的基準等

- 内閣府「食品表示基準」（平成27年3月20日内閣府令第10号）
- 消費者庁「〈事業者向け〉食品表示法に基づく栄養成分表示のためのガイドライン第2版」（平成30年5月18日訂正）

お勧め参考文献

- 森田満樹編著『食品表示法ガイドブック』（前掲）116～124頁
- 日本フードスペシャリスト協会編『食品表示―食品表示法に基づく制度とその実際』（建帛社・2016年）41～47頁

(AI)

§1　消費者保護

Q15　消費期限・賞味期限―食品表示法

消費期限および賞味期限の意味と，それぞれの表示方法について教えてください。

ポイント　表示義務を怠ると，行政処分のリスクあり

A　消費期限については，食品表示法4条1項に基づいて定められている**食品表示基準2条7号**に，賞味期限については同条8号に定義が設けられています。

すなわち，「**消費期限**」については，食品表示法4条1項1号において「食品を摂取する際の安全性の判断に資する期限」と定義されるほか，「定められた方法により保存した場合において，腐敗，変敗その他の品質の劣化に伴い安全性を欠くこととなるおそれがないと認められる期限を示す年月日をいう」（食品表示基準2条7号）と定義されています。

また，「**賞味期限**」については，「定められた方法により保存した場合において，期待される全ての品質の保持が十分に可能であると認められる期限を示す年月日をいう。ただし，当該期限を超えた場合であっても，これらの品質が保持されていることがあるものとする」（食品表示基準2条8号）と定義されています。

それぞれの表示方法については，食品表示基準3条に定められています。

［検討］

消費期限と賞味期限は，以前は食品衛生法19条1項の規定に基づく表示の基準に関する内閣府令（平成23年8月31日内閣府令第45号）で定められていましたが，これは廃止され（食品表示基準附則2条），現在では，上述のとおり表示基準で定められています。**A**に記載した定義からもわかるとおり，消費期限とは「安全に食べられる期限」のこと，賞味期限とは「おいしく食べられる期限」のことです。このように，両者は全く異なる期限であるため，法令では，

71

第Ⅱ部　広告表示の法的規制　Q&A

食品関連事業者がそれぞれの食品に合った期限を責任をもって設定し，明記するよう定められています。具体的には，以下のとおりです。

　まず，品質が急速に劣化しやすい食品（弁当，サンドイッチ，ケーキ等）については「消費期限」と冠してその年月日を表示し，それ以外の食品（スナック菓子，カップ麺，ペットボトル飲料等）については「賞味期限」と冠してその年月日を表示するものとされています（食品表示基準3条・表の表示事項「消費期限又は賞味期限」）。

　それぞれの期限の設定と表示は，食品関連事業者が責任をもって，科学的・合理的な根拠に基づいて行うことになっています（食品表示基準3条柱書）。

　主務官庁である消費者庁のホームページには，これら食品関連事業者のために，「早わかり食品表示ガイド」（後掲公的基準等①参照）が掲載されており，どのような食品について，どこにどのように期限を表示すればよいのか，わかりやすくまとめられています（同11頁，30頁）。

　また，同ホームページに掲載されている「加工食品の表示に関する共通Q&A（第2集：消費期限と賞味期限）」（後掲公的基準等②参照。以下「共通Q&A」といいます）では，一般消費者向けと事業者向けに，それぞれよくある疑問点に答える形式で，消費期限と賞味期限に関する設定方法や記載方法が具体的に記載されています。例えば，消費期限または賞味期限の表示については，共通Q&AのQ15に記載があります。ここでは，表示は消費者にわかりやすいことを旨とし，原則として，一括表示の枠内に，消費期限または賞味期限の事項名を記載した上で「年」，「月」，「日」（または「年」，「月」）それぞれを，この順に並べて表示を行うこと，例外的に，一括表示の枠内に記載することが困難と認められる場合には，一括表示欄に記載箇所を指定する方法で，年月日（または年月）を指定箇所に単独で記載することができること等が記載されています。他にも，消費期限および賞味期限について食品関連事業者が順守するべき事項が項目立って詳しく記載されていますから，参考にするとよいでしょう。

　食品関連事業者が消費期限または賞味期限について表示を怠った場合，是正

§1 消費者保護

指示を受ける場合があります（食品表示法6条1項）。また，これによって消費者の生命または身体に対する危害の発生または拡大の防止を図るため緊急の必要があると認められたときは，業務停止命令がなされる場合もあります（食品表示法6条8項）。このような事態を避けるためにも，食品関連事業者は，表示基準やガイドライン，Q&Aに従って適切な期限の設定・表示を行うことが重要です。

参照すべき公的基準等

① 消費者庁食品表示企画課「早わかり食品表示ガイド（平成28年6月版・事業者向け）」
② 同上「加工食品の表示に関する共通Q&A（第2集：消費期限又は賞味期限について）」（平成15年9月，一部改正 平成23年4月）
③ 厚生労働省・農林水産省「食品期限表示の設定のためのガイドライン」（平成17年2月制定）

お勧め参考文献

■ 森田満樹編著『食品表示法ガイドブック』（前掲）56～58頁
■ 日本フードスペシャリスト協会編『食品表示―食品表示法に基づく制度とその実際―』（前掲）17～18頁
■ 石川直基ほか『基礎からわかる新・食品表示の法律・実務ガイドブック』（レクシスネクシス・ジャパン・2014年）123頁

(YK)

第Ⅱ部　広告表示の法的規制　Q&A

Q16　アレルギー物質の表示―食品表示基準

当社はマヨネーズを製造・販売している会社ですが，消費者の卵のアレルギーのことが心配です。アレルギー物質を含む食品の表示については，どのような点に注意が必要ですか。

ポイント　アレルギー物質の表示・告知には細心の気配りが必要

A　食品表示法（4条）は，容器包装（食品表示基準2条6号）された加工食品（酒類を除きます）および食品添加物について，アレルゲン（食物アレルギーの原因となる物質）の表示を義務づけ，その詳細を**食品表示基準**（平成27年（2015年）3月20日内閣府令第10号）に委ねています。さらに，これに基づいて，「食品表示基準Q&A」および，その別添として「アレルゲンを含む食品に関する表示」が通達され，運用の細部が定められています。

　一方，食品表示基準（3条2項）は，別表14において，表示しなければならないアレルギー物質（**特定原料**）として**7種類**（えび，かに，小麦，そば，卵，乳，落花生）を定めています。このほか，特定原料に準ずるものとしての**20種類**（アワビ，いか，いくら，オレンジ，キウイフルーツ，牛肉，くるみ，さけ，さば，大豆，鶏肉，バナナ，豚肉，まつたけ，もも，やまいも，リンゴ，ゼラチン，ごま，カシューナッツ）については，**表示が推奨**されています（消費者庁「食品表示基準Q&A」別添「アレルゲンを含む食品に関する表示」（A-2）参照）。本問の場合，製造販売者は卵を使用していますので，その旨を容器包装（パッケージ）に表示する必要があることはいうまでもありません。

[検討]

　消費者庁「食品表示基準Q&A」別添「アレルゲンを含む食品に関する表示」の（A-1），（A-3）によると，**食物の摂取による「アレルギー」とは**，私たちの体の中に特定の食物が入ってくると，これに過剰な反応をして，かゆみ，じんましんの発症などにとどまらず，血圧の低下，呼吸困難（いわゆるアナ

§1 消費者保護

フィラキシーショック）などを起こすことを指します。重篤な場合には生命にかかわりますので，リスクを回避する上でも，消費者に対しては，アレルギー物質についての正確な情報を提供する必要があります。

アレルギー物質の具体的な表示方法については，特定原材料を原材料として含む旨を，原則として，当該食品または添加物の個々の原材料名のすぐ後ろに，カッコ書で**個別表示**するよう定められています（食品表示基準3条2項）。例えば，「じゃがいも，ハム（卵・豚肉を含む），調味料（アミノ酸等）」という表示になります。ただし，表示スペースが限られている，一覧性を強調したいなどの理由から，事業者の判断で，**一括表示**する例外も認められています（「食品表示基準Q&A」別添「アレルゲンを含む食品に関する表示」(E−6)）。例えば，「じゃがいも，ハム，調味料（原材料の一部に卵・豚肉，アミノ酸等を含む）という表示になります。

また，アレルギー物質の表示に関する「**特定加工食品ルール**」（通常含まれていることが予想されるものは表示を省略できるという特例）**が廃止**されましたので，今後は，マヨネーズ（卵を含む），パン（小麦を含む）というように，**もれなく表示する**必要があります。

さらに，**容器包装の表示可能面積がおおむね30平方センチメートル以下である一般用加工食品の場合**，原材料名，添加物など，食品表示基準（3条1項および2項）が定めている一定の項目および同基準別表19の個別表示義務事項について，例外的に表示義務が免除されていますが（食品表示基準3条3項および4条但書），この例外は，アレルゲンを含む旨の表示には適用されませんので，表示面積が30平方センチメートル以下の場合でも，**アレルゲンの表示は省略できません**。

逆に，**対面販売や店頭での量り売りを行う場合や，レストランなどの飲食店等では，アレルギー情報の提供が義務づけられていません**。これは，食品表示基準の対象となる規制（3条1項および2項）が，「容器包装に入れられた加工食品」だからです。また，「その場で聞けばわかる」という考え方が根底にあるともいわれています。しかし，リスク対応の見地からは，「食物アレル

75

第Ⅱ部　広告表示の法的規制　Q&A

ギーはありませんか」と積極的に声をかける配慮が望ましいと考えられます。

　なお，「石けんにおける小麦アレルギー」の例ですが，損害賠償を命じられた事件があります（後掲参考判例①②）。

参照すべき公的基準等

- 消費者庁「食品表示基準について」およびその別添「アレルゲンを含む食品に関する表示」（平成27年3月20日消食表第139号）
- 消費者庁「食品表示基準Q&A」およびその別添「アレルゲンを含む食品に関する表示」（平成27年3月20日消食表第140号，最終改訂平成30年1月19日，消費表第21号）

参考判例

① 　京都地裁平成30・2・20「茶のしずく石鹸（小麦アレルギー発症）損害賠償事件」（判決としてはこれが最初）
② 　東京地判平成30・6・22「茶のしずく石鹸（小麦アレルギー発症）損害賠償事件」

お勧め参考文献

- 森田満樹編著『食品表示法ガイドブック』（前掲）15～16頁，39頁，68～78頁，89頁
- ㈱まわた編『見やすい食品表示基準Q&A（2017年改正版）』（まわた・2017年）85頁，305頁
- ㈱まわた編『見やすい食品表示基準について（2017年改正版）』（まわた・2017年）118～138頁

(TY)

§1 消費者保護

Q17 「有機」や「オーガニック」の表示—JAS法

有機JASマークが付されている農産物であれば，無条件に「無農薬」や「無農薬栽培」と表示することはできますか。

ポイント 自由な表示を認めるマークではないことに注意

A できません。「有機JASマーク」は，「有機農産物の日本農林規格（JAS規格）」という厳しい基準に適合していると認定された食品の生産業者についてのみ認められる表示（マーク）ですが，「無農薬栽培」であると認定するものではないからです。

[検討]

有機JAS制度とは，JAS法に基づき，「有機JAS規格」に適合した生産が行われていることを第三者機関が検査し，認証された事業者に「有機JASマーク」の使用を認める制度です。かつて，有機食品については，名称の表示の混乱が見られたことから，一般消費者の選択に著しい支障を生ずることのないよう，名称の表示の適正化が図られました。

これにより，有機JAS規格を満たすもののみ使用できる有機JASマークは，**農林水産大臣が認めた認定機関の検査に合格した**次のような有機農産物の生産業者に限って貼付することができます（JAS法4条）。

① 堆肥等による土作りを行い，播種・植付け前2年以上および栽培中に（多年生作物の場合は収穫前3年以上），原則として化学的肥料および農薬は使用しないこと

② 遺伝子組換え種苗は使用しないこと

有機JASマークの貼付が認められる有機畜産物等についても，同趣旨の基準がそれぞれのJAS規格として設けられています（有機畜産物については「有機畜産物のJAS規格」，有機加工食品については「有機加工食品のJAS規格」，有機飼料については「有機飼料のJAS規格」参照）。

77

第Ⅱ部　広告表示の法的規制　Q&A

　なお，有機JASマークの貼付が認められた有機農産物，有機畜産物，有機加工食品および有機飼料でなければ，「有機」や「オーガニック」の表示はできません（JAS法19条の15）。また，名称の表示も，「有機農産物」，「オーガニック」，「有機栽培農作物」など，各JAS規格（5条）に限定列挙されたものに限られます。したがって，有機JASマークの貼付が認められているからといって，無条件に「無農薬」，「無農薬栽培」などの表示はできません。

　この規定に違反した場合，主務大臣は，表示の除去等の行政処分を行うことができます（JAS法19条の16）。命令に反した者には罰金が科されます（JAS法27条3号）。

　さらに，JAS法の規定は，食品衛生法や景品表示法の適用を排除するものではありません（JAS法22条）。例えば，消費者への情報提供となるチラシ，メニュー等はJAS法の規制対象ではありませんが，表示内容が消費者に優良誤認を生じさせるような場合（例えば，「オーガニック」とメニューに表示していながら，実際に使用している食材が「オーガニック」とかけ離れているなど）は，景品表示法5条1号（優良誤認表示の禁止）等に抵触します。

参照すべき公的基準等

- 有機農産物のJAS規格（平成12年農林水産省告示第59号：最終改正平成29年3月27日）
- 有機畜産物のJAS規格（平成17年農林水産省告示1608号：最終改正平成30年3月29日）
- 有機加工食品のJAS規格（平成17年農林水産省告示1606号：最終改正平成30年3月29日）
- 有機飼料のJAS規格（平成17年農林水産省告示1607号：最終改正平成30年3月29日）

お勧め参考文献

- 伊従・矢部編『広告表示規制法』（前掲）159〜160頁，170〜172頁

(HY)

§1　消費者保護

Q18　バイブル本による広告表示の規制
──健康増進法，薬機法，景品表示法

「○○健康茶でがんが治った」というタイトルの書籍を出版し，巻末に
製造販売会社の連絡先やホームページアドレスを記載する形で，実質的
に○○健康茶の広告表示を行うことは許されますか。

ポイント　誇大広告に該当するリスクに留意

A　健康増進法31条１項は，食品として販売に供する物に関して「広告その他の表示」をする場合において，健康保持増進効果等について著しく事実に相違する表示，または著しく人を誤認させるような表示を禁止しています（**誇大広告の禁止**）。誇大広告の禁止に抵触する場合は勧告（同法32条）の対象となりえます。

本問のように，「特定の食品又は成分の健康保持増進効果等に関する書籍の形態をとっている」ものの，その説明の付近に当該食品の販売業者の連絡先やホームページへのリンクを一般消費者が容易に認知できる形で記載しているもの」は，健康増進法における誇大広告の禁止の規制が及ぶ「広告その他の表示」に該当すると解されています（「ガイドラインに係る留意事項」（後掲公的基準等①）第２の２(3)）。

したがって，本問において，がんが治るとの事実がない場合には，仮に書籍の形式をとっていても，がんが治ると記載することは誇大広告にあたり許されません。

［検討］

1　健康促進法31条１項の「広告その他の表示」とは

健康増進法31条１項の「広告その他の表示」とは，「顧客を誘引するための手段として行う広告その他の表示」のことをいうと解されています（ガイドラ

79

イン（後掲公的基準等②）の第2の2(2))。

さらに，①顧客を誘引する（顧客の購入意欲を昂進させる）意図が明確にあること，②特定食品の商品名等が明らかにされていること，③一般人が認知できる状態にあることの3要件を充足すると消費者が認識できるものについては，実質的に「広告その他の表示」であると判断される旨が示されています（ガイドラインに係る留意事項（後掲公的基準等①）第2の2(3))。

2 いわゆる「バイブル本」の扱いについて

書籍の体裁をとりながら，実質的に健康食品を販売促進するための誇大広告として機能することが予定されている出版物は，通常「バイブル本」と呼ばれ，また，バイブル本により販売促進を行う手法を「バイブル商法」といいます。

厚生労働省は，いわゆるバイブル本の健康増進法上の扱いについて，関係団体に通知を発し，「がん等の重篤疾病が自己治癒できるような誇大表示を内容とする書籍を編集・企画し，その中に健康食品販売業者の連絡先を記載することで，読者等を健康食品の販売に誘引する書籍を出版してきた出版社に対し，当該連絡先表示の削除等を求める行政指導を行い，改善を求めた」ところであるとしたうえで，「特定の食品又は成分を摂取することにより重篤疾病が自己治癒できるかのような情報は科学的根拠に乏しく，…「著しく人を誤認させるような表示」に該当する」との見解を明らかにしています（「いわゆるバイブル本の健康増進法上の取り扱いについて」（後掲公的基準等③))。

3 その他本問の場合にかかる規制（薬機法，景品表示法）

「医薬品的な効能効果を標ぼうするもの」は，医薬品とみなされます（「医薬品の範囲に関する基準」（後掲公的基準等④）Ⅱ（二）①)。そのため，本問のように「がんが治った」と表示する場合には，薬機法における未承認医薬品の広告（68条）の規制が及びます。

現に，「アガリクスはがんに効く」という内容のバイブル本を出版した会社関係者は，旧薬事法違反（未承認医薬品の広告）で逮捕され，有罪判決が下さ

§1 消費者保護

れ，社長に対し懲役2年6月，罰金300万円，会社に対し罰金400万円が科されています（後掲参考判例参照）。

　また，実際にはがんが治る事実がない場合には，薬機法における誇大広告（66条）および景品表示法における優良誤認表示（5条1号）の規制が及びます。

参照すべき公的基準等

① 消費者庁「食品として販売に供する物に関して行う健康保持増進効果等に関する虚偽誇大広告等の禁止及び広告等適正化のための監視指導等に関する指針（ガイドライン）に係る留意事項」（平成28年4月7日一部改正　消表対第545号）
② 消費者庁「食品として販売に供する物に関して行う健康保持増進効果等に関する虚偽誇大広告等の禁止及び広告等適正化のための監視指導等に関する指針（ガイドライン）」（平成28年4月1日一部改正　消表対第512号）
③ 厚生労働省「書籍の体裁をとりながら，実質的に健康食品を販売促進するための誇大広告として機能することが予定されている出版物（いわゆるバイブル本）の健康増進法上の取り扱いについて」（平成16年7月27日食安発第0727001号）
④ 厚生労働省「医薬品の範囲に関する基準」（昭和46年6月1日薬発第476号）

参考判例

■ 東京地判平成19・3・12「アガリクス書籍広告事件」（旧薬事法違反事件）

お勧め参考文献

■ 電通法務マネジメント局編『広告法』（前掲）238頁
■ 伊従・矢部編『広告表示規制法』（前掲）506頁
■ 赤羽根秀宜著『Q&A 医薬品・医療機器・健康食品等に関する法律と実務』（前掲）181〜183頁

（AI）

第Ⅱ部　広告表示の法的規制　Q&A

§2 公正競争・景品表示等の分野

Q19　比較広告—景品表示法

競合他社の商品よりも優れていることを大々的に広告表示したいと考えています が，このような広告に問題はないですか。

ポイント　景品表示法上の不当表示にならないよう注意

A　本問のように自己の供給する商品または役務（以下「商品等」といいます）について，これと競争関係にある特定の商品等を比較対象商品等として示す広告は「比較広告」と呼ばれています。比較広告は，それ自体が法律上一律に禁止されるものではありませんが，自己の供給する商品・サービスの内容や取引条件について，競争事業者（競合他社）のものよりも，著しく優良または有利であると一般消費者に誤認される表示をすれば，不当表示として景品表示法（以下「景表法」といいます）5条1号（優良誤認）または同条2号（有利誤認）に違反することになります。

[検討]

1　景表法上の不当表示

消費者庁「比較広告に関する景品表示法上の考え方」（後掲公的基準等参照。以下「比較広告ガイドライン」といいます）では，適正な比較広告は，次の①から③をすべて満たす必要があるとしています。

①　比較広告で主張する内容が客観的に実証されていること

実証が必要な対象は，比較広告で主張する事項です。実証の方法は，確立さ

れた方法（例えば，自動車の燃費効率については，10モード法）がある場合にはそれにより，ない場合には，社会通念上および経験則上妥当と考えられる方法（例えば無作為抽出法）によって，主張する事実が存在すると認識できる程度まで行われる必要があります。また，調査を行った機関が広告主とは関係のない第三者である場合，その調査は客観的なものと考えられるため，このような調査結果を用いることが望ましいとされています。

② 実証されている数値や事実を正確かつ適正に引用すること

引用に際しては，①実証されている事実の範囲内で引用すること，②調査結果の一部を引用する場合には，調査結果の趣旨に沿って引用することが必要です。また，調査結果を引用して比較をする場合には，一般消費者の正確な認識を担保するため，調査機関，調査時点，調査場所等の調査方法に関するデータを広告の中で表示することが望ましいとされています。これらのデータをあえて表示せず，調査の客観性や調査時点等について一般消費者に誤認を生じさせることとなるような場合には，不当表示となるおそれがあります。

③ 比較の方法が公正であること

この要件については，①表示事項（比較項目）の選択基準，②比較の対象となる商品等の選択基準，③短所の表示という考慮要素が示されています。一般的には，どのような事項についてどのような商品等と比較しても特に問題はありませんが，自社に有利な事項を比較し，あたかも自社の商品全体が優秀であるかのように強調すること（①の観点），自社のデラックスタイプと他社のスタンダードタイプを比較しながら，同等のものとの比較であるかのように表示し，自社の優秀性を強調すること（②の観点），表示を義務づけられており，または通常表示されている事項であって，長所と不離一体の短所を意識的に表示しない，または明瞭に表示しない行為（③の観点）などは，不当表示に該当するおそれがあります。

第Ⅱ部　広告表示の法的規制　Q&A

2　その他留意点

　広告表示の内容が事実に基づいていない場合，不当表示のほか，競争関係にある他社に関する虚偽事実の陳述流布（不正競争防止法2条1項15号）に当たると認められるおそれがあります（後掲参考判例①）。また，事実に基づくものであっても，ことさらに競合他社に損害を与えることを目的としてなされたような比較広告（例えば，信用失墜や人身攻撃にわたるようなもの）は，名誉棄損などに当たるとして，民事上または刑事上問題になるおそれがあります（後掲参考判例②）。

　さらに，比較広告を行う場合は，その表示内容，調査結果の引用の方法について，著作権法に違反しないように注意が必要です。

参照すべき公的基準等
- 消費者庁「比較広告に関する景品表示法上の考え方」（昭和62年4月21日公正取引委員会制定，平成28年4月1日改定）

参照すべき自主的基準等
- 電気通信サービス向上推進協議会「電気通信サービスの広告表示に関する自主基準及びガイドライン」（第12版：平成30年1月）

参考判例
① 　知財高判平成18・10・18「江崎グリコキシリトール入りガム事件」
② 　東京高判平成16・10・19「ヤマダ電機対コジマ比較広告事件」（判例時報1904号128頁）

お勧め参考文献
- 大元慎二編著『景品表示法（第5版）』（前掲）73〜75頁
- 古川昌平『エッセンス景品表示法』（前掲）69〜73頁
- 加藤公司ほか編『景品表示法の法律相談（改訂版）』（青林書院・2018年）145〜153頁

(YK)

84

§2　公正競争・景品表示等の分野

Q20　表示上の欠陥や説明不足による製造物責任
—製造物責任法，景品表示法

製品の使用方法などの表示や説明が不十分なため，責任を問われる場合はありますか。

ポイント　安全性に関する表示が不十分または不適切にならないよう留意

A　責任を問われる可能性があります。製造物責任法（2条2項）は，製造物の「欠陥」について定義を設けていますが，これは，一般的には，「製造上の欠陥」，「設計上の欠陥」および「指示・警告上の欠陥」の3つに分類されています。このうち，「指示・警告上の欠陥」とは，その製品が消費者のもとで使用される形態等を考慮し，事業者である製造業者等（同2条3項）に対して，危険な使用方法にさらされない的確な指示・警告を与える義務を要求するものであり，この義務を果していない場合には，当該製造物自体が通常有すべき安全性を欠いている（欠陥がある）とみなす概念です。したがって，製品の使用方法などについての表示や説明が不在，不十分または不適切な場合（例えば，たばこに関する警告表示や，眠くなる成分が含まれている「ぜんそく・せき」用の医薬品における「服用後，乗物又は機械類の運転操作をしないでください」の注意書など），その製品自体に「製造上や設計上の欠陥」が存在しなくても，事業者として，製造物責任（損害賠償責任）（同法3条）を問われるおそれがあります。また，幼児用の玩具の場合，幼児がそれを口に入れる危険は合理的に予想されますので，これを踏まえた保護者向けの警告が必要だということになります。

[検討]

　すでに述べた製造物責任法の「欠陥」の定義からみると，製造物の広告表示について，広告主である製造業者等が，「消費者に対し，事故を防止・回避するための適切な情報を提供しなかった」場合，非難される可能性は否定できま

せん。したがって，**宣伝効果の視点を優先させ，必要な警告表示をおろそかにすること**は，リスクを増大させるおそれがあります。例えば，てんぷら油の容器には，通常，「鍋を火にかけたままだと火事になります」という警告が記載されていますが，このような警告表示は，重大事故を防ぐ意味で欠かすことができません。事業者としては，「指示・警告上の欠陥」というリスクも考慮して，広告表示の内容を決める必要があります。ただし，指示・警告は，**合理的に予想できる範囲で考慮すればよく**，合理的に予想できない使用方法まで想定した警告は不要です。米国の例ですが，猫を乾かそうとして電子レンジに猫を入れたところ，破裂してレンジの扉が開き，操作していた人が扉で顎の骨を折ったという事故があったとのことですが（後掲，木ノ元直樹氏の著書184頁），このような合理的な予想を超えた使用方法を想定した警告は必要ありません。なお，警告の表示は，当該製造物に貼付する方法によるのが原則です。

JIS（S.0137の「8．警告表示」（後掲公的基準等①））などを参考にすると，**指示・警告上の欠陥に当たるか否かを判断する基準**は，以下のようにまとめることができます。

① 技術的限界やコストの制約などから，製造物から取り除くことが不可能または著しく困難な危険性が残存していること

② 製造者に事故の予見可能性または事故の回避可能性が存在すること

③ 適切な指示，警告，説明などにより，その危険性の回避が可能であること

④ 指示・警告などが適切に行われていないこと

欠陥の存在を証明する責任は，被害者（原告）の側にありますが，被害者としては，普通の使用であれば，**通常は損害が生じないことを証明**すれば十分で，**欠陥と損害の厳密な因果関係まで証明**する必要はありません。

さらに，安全な使用方法の指示・警告が事実と異なる場合，またはそれに合理的根拠がない場合には，**景品表示法（5条，不当表示の禁止）にも抵触する**おそれがあります。

この景品表示法の規定に関連して，家電製品に関して，全国家庭電気製品公

正取引協議会は，「**製造業の表示に関する公正競争規約**」（後掲公的基準等③）において，安全性を意味する用語の使用基準を設けていますので，関連事業者はこれに従う必要があります。例えば，「安心，安全等の安全性を意味する用語を強調して使用することはできない」，「安全，安心等を商品名及び愛称に関して使用することはできない」と定めています。この基準に従うかぎり，「自動的に電気が切れる安全装置」の表示は許されますが，IHクッキングヒーターについて「火を使わないので安心です」は，認められない表示ということになります。「火」は使わなくても，それに相当する「電気」を使用するからです。

参照すべき公的基準等

① 取扱説明書に関する指針（JIS.S.0137の「8．警告表示」）
② 取扱説明書ガイドライン（NPO法人日本テクニカルデザイナーズ協会の「3－3－6（伝える内容）」，及び「3－3－7（危険の洗い出し）」
③ 全国家庭電気製品公正取引協議会「製造業の表示に関する公正競争規約（コード番号47）」（昭和53年6月1日認定。直近の改正平成30年7月25日）

お勧め参考文献

■ 電通法務マネジメント局編『広告法』（前掲）333〜335頁
■ 木ノ元直樹『PL法（製造物責任法）の知識とQ&A（改訂第2版）』（法学書院・2009年）85頁，182〜190頁
■ 志村潔『こんな時，どうする「広告の著作権」実用ハンドブック』（前掲）276〜277頁

(TY)

第Ⅱ部　広告表示の法的規制　Q&A

Q21　商品広告─景品表示法，環境表示ガイドライン

自社の商品広告で，「地球にやさしい商品」と謳っても問題はないですか。
ポイント　誤解のないよう具体的なアピールを

A　単に「地球にやさしい」というような表現は，何を意味するのか不明確です。製品の全段階（原料取得・製造から製品の破棄まで）が，すべてにおいて「地球にやさしい」というように消費者に受け取られるおそれがあり，適当ではありません。また，景品表示法上も，優良誤認表示（同法5条1号）と受け取られる可能性があり，**公正取引委員会による排除命令**を受けた事例も存在しています（例えば，再生紙利用コピー用紙の古紙配合率を実際よりも高く表示したことが優良誤認表示に当たるとされた平成20年4月20日排除命令「王子製紙古紙原料表示事件」）。したがって，消費者に誤解を生じさせる可能性が相対的に小さい表示（例えば，「古紙100％使用で地球環境に配慮」などと表現することにより，地球にもやさしい商品を企図していることを実質的にアピールする表現など）に変更することをお勧めします。

［検討］

　昨今の環境問題に対する意識の高まりにより，環境保全に配慮した商品であるかどうかも消費者が商品を選ぶ際の判断要素となりつつあります。「地球にやさしい」というのは，地球環境に与える負荷が小さいことを意味すると思われますが，製品を使用した時のエネルギーの消費量が少なくても，廃棄するときに大量のエネルギーを必要とするのでは本末転倒です。広告宣伝では，とかく一部だけの環境負荷の低減を強調すると，不当表示になるおそれがあります。

　このような問題意識のもと，平成13年3月，公正取引委員会において，「環境保全に配慮した商品の広告表示に関する実態調査について」が公表されました。また，環境省は，独自に環境に関する表示を行う事業者を対象にして，「環境表示ガイドライン」（後掲公的基準等）を策定・公表しています。その平

成25年3月版によると，その第2章2－2において，「環境表示」とは，「製品の原料採取から製造，流通，使用，リサイクル，廃棄の段階において環境に配慮した点や環境負荷低減効果等を説明したもの」と定義されています。また，第3章において，適切な環境表示の要件として，①根拠に基づく正確な情報であること，②消費者に誤解を与えないものであること，③環境表示の内容について検証できること，④あいまいまたは抽象的でないこと，の4点を満たす必要があるとされています。

さらに，このガイドラインは，第3章3－1において，環境表示に関する国際規格（ISO/JISQ14021：タイプⅡ）に準拠した表示が望ましいことを強調するとともに，3－2⑵において，基本項目として，以下の5つの項目が挙げられています。

① あいまいな表現や環境主張（環境表示）は行わないこと

② 環境主張の内容に説明文を付けること

③ 環境主張の検証に必要なデータおよび評価方法が提供可能であること

④ 製品または工程における比較主張はLCA（製品の原料採取から廃棄に至るまでのすべての段階における環境影響評価）評価，数値等により適切になされていること

⑤ 評価および検証のための情報にアクセスが可能であること

そのうえで，「環境に安全」，「環境にやさしい」，「地球にやさしい」，「無公害」，「グリーン」，「自然にやさしい」，「オゾンにやさしい」などのあいまいな表現で，環境への配慮を大まかにほのめかす主張をしてはならない，と規定されています。

以上を総合して検討すると，単に「地球にやさしい」というような抽象的な広告表示をすると，その表現が「一人歩き」する危険性も否定できません。したがって，自社商品の広告表示において，環境に配慮した商品を企図していることを強くアピールしたい場合であっても，このような抽象的な表示に代えて，どのように環境に配慮しているのか具体的に消費者に伝わるような広告表示を用いることが適当と思われます。

第Ⅱ部　広告表示の法的規制　Q&A

参照すべき公的基準等

■ 環境省「環境表示ガイドライン」（平成25年3月版）

お勧め参考文献

■ 伊従・矢部編『広告表示規制法』（前掲）406～409頁，585～591頁

(HY)

§2 公正競争・景品表示等の分野

Q22　おとり広告──景品表示法，公正取引委員会告示

即完売を想定している人気のゲーム機が10台入荷しました。ゲーム機を目玉商品としてチラシに掲載するにあたって，注意すべきことを教えてください。

ポイント　指定告示に係る不当表示に該当するリスクに留意

A　本問の場合は，「供給量が著しく限定されている場合」（「おとり広告に関する表示（後掲公的基準等①）」）に該当し，限定内容を明瞭に記載しない場合には，いわゆる「おとり広告」として景品表示法（以下「景表法」といいます）5条3号に基づき不当表示に該当します。

　そのため，チラシには10台限定である旨をわかりやすく表示する必要があります。

［検討］

1　指定告示に係る不当表示

　景表法は，優良誤認表示（5条1号），有利誤認表示（5条2号）のほかに，不当表示に該当すると内閣総理大臣が指定するものを表示してはならないと定めています（5条3号）。現在，5条3号に基づき不当表示を指定する告示としては，以下の6つの告示があり，「おとり広告」に関する表示はそのうちの1つです。

〔5条3号に基づく告示〕
- 無果汁の清涼飲料水等についての表示（昭和48年3月20日公正取引委員会告示第4号）
- 商品の原産国に関する不当な表示（昭和48年10月16日同告示第34号）
- 消費者信用の融資費用に関する不当な表示（昭和55年4月12日同告示第13号）
- 不動産のおとり広告に関する表示（昭和55年4月12日同告示第14号）

91

第Ⅱ部　広告表示の法的規制　Q&A

- おとり広告に関する表示（平成 5 年 4 月28日同告示第17号）
- 有料老人ホームに関する不当な表示（平成18年11月 1 日同告示第35号）

　なお，指定告示に係る不当表示は，**措置命令**の対象にはなりますが，**課徴金**の対象ではありません（ 8 条 1 項柱書参照）。

2　おとり広告告示

　不動産に関する取引以外についての，以下①～④のいずれかに該当し，顧客を誘引する手段として行う広告表示は不当表示に該当するおとり広告とされています（「おとり広告に関する表示」（後掲公的基準等①））。

①　取引を行うための準備がなされていない場合その他実際に取引に応じることができない場合

②　供給量が著しく限定されているにもかかわらず，その限定内容が明瞭に記載されていない場合

③　供給期間，供給の相手方または顧客 1 人当たりの供給量が限定されているにもかかわらず，その限定の内容が明瞭に記載されていない場合

④　（形式的には取引可能であるが，）合理的な理由がないのに取引の成立を妨げる行為が行われる場合その他実際には取引する意思がない場合

　また，上記①～④の具体的な内容が，「『おとり広告に関する表示』等の運用基準」（後掲公的基準等②）」に示されています。

　例えば，上記②の「供給量が著しく限定されている」場合とは，広告商品等の販売数量が予想購買数量の半数にも満たない場合をいう（おとり広告告示運用基準第 2 の 2 －⑴）とされています。予想購買数量は当該店舗において，従来，同様の広告等により同一または類似の商品または役務について行われた取引の申出にかかる購買数量，当該広告商品等の内容，取引条件等を勘案して算定するものとしています。

　「明瞭に記載されていない場合」については，販売数量が限定されている旨の記載だけでは限定の内容が明瞭に記載されているとはいえないとされていま

す。そのため，「数量限定」等の記載では不十分です。

　なお，商品・役務の供給量が限定されることによって，その商品・役務が著しく優良または有利であることを強調する表示をする場合において，実際には表示された限定量を超えて供給するときには，優良誤認表示，有利誤認表示に該当するおそれがあるため注意が必要です。

3　おとり広告についての公正競争規約

　これ以外にも，業界の公的ルールとしておとり広告についての表示基準を定めているケースがあります。例えば，家庭電気製品小売業における表示に関する公正競争規約の8条では，在庫処分や閉店セールなどの特段の理由がないのに，店舗ごとに5台以上の在庫がない商品をチラシに表示することが禁止されています。

参照すべき公的基準等

① 　公正取引委員会「おとり広告に関する表示」（平成5年4月28日公正取引委員会告示第17号）
② 　公正取引委員会「『おとり広告に関する表示』等の運用基準」（平成5年4月28日事務局通達第6号）
③ 　全国家庭電気製品公正取引協議会「家庭電気製品小売業における表示に関する公正競争規約（コード番号48）」（昭和59年6月1日認定，平成26年7月25日変更認定）

お勧め参考文献

■ 大元慎二編著『景品表示法（第5版）』（前掲）145～150頁，277頁
■ 古川昌平『エッセンス景品表示法』（前掲）129～134頁
■ 伊従・矢部編『広告表示規制法』（前掲）101～103頁，434～437頁，525～535頁
■ 加藤公司ほか編『景品表示法の法律相談（改訂版）』（前掲）236～243頁

(AI)

第Ⅱ部　広告表示の法的規制　Q&A

Q23　食品にかかる産地情報—食品表示法，景品表示法

食品の産地情報に関する表示については，法律上，食品関連事業者にどのようなルールが課されていますか。

ポイント　食品表示基準の定めに従って表示する必要がある

A　食品表示法4条1項に基づいて定められている食品表示基準（後掲公的基準等①参照）では，大きく分けて**加工食品**と**生鮮食品**について，それぞれの食品に付すべき表示のルールが定められています。

まず，加工食品については，国内で製造した場合，原則として，**原材料に占める重量割合が最も高い原材料**（以下「対象原材料」といいます）**の原産地名**の表示が義務づけられています。表示方法は，当該原材料に占める重量の割合の高いものから順に原料原産地を表示する「**国別重量順表示**」が原則とされています。

次に，生鮮食品については，国産品の原産地表示について，農産物・畜産物・水産物それぞれに原産地の表示方法が定められています。

輸入品については，加工食品か生鮮食品かを問わず，原則として，その食品の原産国名の表示が義務づけられています。

［検討］

ここでは，食品関連事業者に課されている，食品の産地情報に関する表示のルールについて紹介します。なお，これらのルールについては，「早わかり食品表示ガイド（平成30年10月版・事業者向け）」（後掲公的基準等④参照）で詳しくまとめられていますので，必要に応じて参照してください。

1　加工食品について

①　一般用加工食品

原則として，国内で製造されたすべての一般用加工食品（以下「国内一般用

§2 公正競争・景品表示等の分野

加工食品」といいます）について，その対象原材料の原産地名（**原料原産地名**）を表示することが義務づけられています（食品表示基準3条2項）。また，輸入品については，**原産国名の表示が義務づけられています**（同条項）。

原料原産地名の表示方法は，原則として，以下のとおりです。

(a) 対象原材料が生鮮食品の場合，当該対象原材料が国産品であれば「国産である旨」を，輸入品であれば「原産国名」を表示します。

(b) 対象原材料が加工食品の場合，当該対象原材料が国産品の場合は「国内製造」と，輸入品の場合は「○○製造」（「○○」は原産国名）と表示します。

これらの表示の方式については，食品表示基準8条で定められています。なお，製品の原産国とは，景品表示法に基づく「商品の原産国に関する不当な表示」に規定しているとおり，「その商品の内容について実質的な変更をもたらす行為が行われた国」のことを指します（「食品表示基準Q＆A」加工－155，後掲公的基準等②参照）。この点については，Q24で詳述します。

② **業務用加工食品**

業務用加工食品の原料原産地名の表示方法は，原則として以下のいずれかです。

(a) 最終製品において原料原産地表示義務の対象原材料となる業務用加工食品については，当該加工食品の原産国名（国内製造である旨を含みます）（食品表示基準10条1項11号）を表示します。

(b) 輸入品以外の業務用加工食品で「実質的な変更」に該当しないような単なる切断，小分け等を行い，最終製品となる業務用加工食品および食品表示基準別表第15に掲げる加工食品の用に供する業務用加工食品については，最終製品において原料原産地表示義務の対象となる原材料の原産地名を表示します。

また，輸入品である場合，原産国名を表示します（食品表示基準10条1項12号）。

第Ⅱ部　広告表示の法的規制　Q&A

2　生鮮食品（農産物，水産物，直産物）について

　一般用および業務用を問わず，すべての生鮮食品について，原則として原産地の表示が義務づけられています（食品表示基準18条1項，24条1項2号）。ここで，「原産地」とは，生鮮食品が生産（採取を含みます）された場所を意味します。その表示方法については，次のように定められています。なお，それぞれの表示について，一般に知られている地名をもって代えることができるなどのルールもありますので，詳しくは，食品表示基準を参照してください。

(a)　農産物：国産品については，原則として**都道府県名**を表示します。輸入品については，原則として**原産国名**を表示します。

(b)　畜産物：国産品（国内における飼養期間が外国における飼養期間より短い家畜を国内でと畜して生産したものは除きます）については，原則として**国産である旨**を表示します。輸入品（国内における飼養期間が外国における飼養期間より短い家畜を国内でと畜して生産したものを含みます）については，原則として**原産国名**を表示します。

(c)　水産物：国産品については，原則として**水域名または地域名**（主たる養殖場が属する都道府県名）を表示します。また，輸入品については，原則として原産国名を表示します。国産品にあっては，水域名に水揚げした港名または水揚げした港が属する都道府県名を，輸入品にあっては原産国名に水域名を併記することができます。

　ここまで，食品表示基準上のルールについて説明してきましたが，これらのルールに違反した場合，違反した事業者と法人には，一定の制裁が科されます（食品表示法6条〜10条，19条，23条）。

　また，食品の表示については，食品表示法だけでなく，**景品表示法**の規制も及ぶことに留意する必要があります。

▌参照すべき公的基準等

①　食品表示基準（平成27年内閣府令第10号）

§2 公正競争・景品表示等の分野

② 食品表示基準Q&A（平成27年3月30日付け消食表第140号消費者庁食品表示企画課長通知，平成30年9月21日改正）
③ 原産国告示（昭和48年10月16日公正取引委員会告示第34号）
④ 消費者庁「早わかり食品表示ガイド（平成30年10月版・事業者向け）」

お勧め参考文献

- 森田満樹編著『食品表示法ガイドブック』（前掲）24〜25頁，82〜88頁，131〜144頁
- 日本フードスペシャリスト協会編『食品表示―食品表示法に基づく制度とその実際』（前掲）7〜8頁，14〜16頁
- 石川直基ほか『基礎からわかる新・食品表示の法律・実務ガイドブック』（前掲）122頁
- 大元慎二編著『景品表示法（第5版）』（前掲）140〜145頁

(YK)

第Ⅱ部　広告表示の法的規制　Q&A

Q24　原産国の不当表示─景品表示法，食品表示基準

商品の原産国の不当表示については，どのような規制ルールが定められていますか。

ポイント　食材や食品の原産国を偽ることは特にリスクが高いので留意

A　食品であれ工業製品であれ，輸入品については，景品表示法（5条3号）に基づく「原産国告示」（後掲公的基準等①）に基づき，「原産国名」の表示が義務づけられています（同告示備考1項）。また，同告示は，「原産国」を「**その商品の内容について実質的な変更をもたらす行為が行われた国**」と定義しています。これを受けて，食品表示法に基づく食品表示基準（3条2項）は，原産国を「当該食品が製造された国」とする一方，原産国の表示が義務づけられている輸入加工食品の「原産国」の定義が景品表示法上の定義との間で齟齬が生じないよう調整を図っています（「食品表示基準Q&A」（後掲公的基準等②）加工－154参照）。

　原産国がどこであるかは，消費者が商品の購入を選択する際の重要な情報の1つです。特に，食材や食品の場合，安全性などの面から消費者が産地および原産国への強いこだわりを示す場面が多いことは，経験上も明らかです。このため，これが不当に表示され，消費者の誤解を招く状態の場合には，景品表示法（5条1号の優良誤認表示または2号の有利誤認表示）に該当するおそれがあります。

　なお，外国品であると表示することについては，輸入を阻害するのではないかとの懸念も予想されますが，外国品であることを正しく表示することは，当該外国製品に対する消費者の認識を深めることにもなり，長期的に見れば，当該外国品の輸入促進につながると考えられます。

［検討］

　上記のように，**原産国**とは，その商品の内容について実質的な変更をもたら

§2 公正競争・景品表示等の分野

す行為（**実質的な変更行為**）が行われた国をいいます（原産国告示備考１項）。**実質的な変更行為**とは，その商品の**特性に変更をもたらす行為**をいいますので，例えば，バルクで輸入して，国内で小分けしても，その商品の特性に何ら変更をもたらしませんので，原産国は，その商品が製造された国ということになります。

この「原産国」の概念は，景品表示法上（原産国告示上）のものですが，食品表示基準上（３条２項）の「原産国」の解釈においても，同様に取り扱われます。また，商品である限り，工業製品であるか食品であるかを問わず，原産国告示の対象となります。さらに，品質との関係がどのようなものであれ，国産品であるか外国品（輸入品）であるかは，消費者が商品を選択する際の重要な判断材料の１つであるため，**これを誤認させることは，景品表示法上，不当表示**とされています（同法５条）。

したがって，外国で生産された商品本体または容器包装において，その商品の原産国以外の国名，地名を表示することや，その商品に外国の事業者の氏名，名称，または商標を表示するなどは，一般消費者がその商品の原産国を判別することを困難にする行為であり，これは避ける必要があります。**故意・過失は問いません。**

ただし，フランスパンやボストンバッグなどのように，商品名が外国文字で表示されていても，商品の原産国が外国であることを示すものでないことが一見明らかな表示は，原産国が外国であることを示すものではないとされています（「原産国告示」に関する運用基準（後掲公的基準等③）３）。

原産国告示は，**輸入商品の原産国名に係る不当表示を防ぐことを目的にして**おり，日本国内における産地についての虚偽表示については，その対象にしていません。したがって，国産品でない牛肉を，**あたかもブランド牛（松坂牛や但馬牛など）であるかのごとく表示する**ことは，原産国告示（景品表示法５条３号）ではなく，５条１号（優良誤認）に準拠して規制されることになります。

実質的な変更行為が２つの国で行われた場合，原産国は２つになるとされています。例えば高級時計の組立てにおいて，ムーブメントの組立てがスイスで

99

第Ⅱ部　広告表示の法的規制　Q&A

行われ，バンドの製造が日本で行われた場合，原産国は，スイスと日本の2国ということになり，その旨を表示する必要があります。また，加工食品の使用原材料の原産地を表示する場合には，同時に製造地としての原産国の表示を必要とする場合があります。例えば，スリランカで製造された紅茶で，荒茶がインド産の場合，原料原産地インド，原産国（製造国）スリランカとなります。

　なお，不正競争防止法（2条1項14号）は，「原産地」を誤認させる行為を不正競争行為と規定し，表示規制の対象にしていますが，ここでの「原産地」は，商品が生産，製造または加工された地を意味すると解されています。また，関税法上（関税法基本通達68－3－5⑵参照）の「原産地」については，貨物が実際に加工または製造された国または地域と解されています。なお，原産国告示（備考2項）は，地名がよく知られている場合には，原産国を地名（産地）で表示することを認めています（例えば，原産国が米国の場合にカリフォルニアと表示することなどです）。

▐ 参照すべき公的基準等
① 　公正取引委員会「原産国告示」（昭和48年10月16日告示34号）
② 　消費者庁「食品表示基準Q&A」（加工－145～163）
③ 　「原産国告示に関する運用基準」（昭和48年10月16日公正取引委員会事務局長通達12号）

▐ お勧め参考文献
■ 伊従・矢部編『広告表示規制法』（前掲）401～405頁
■ 大元慎二編著『景品表示法（第5版）』（前掲）140～143頁
■ 加藤公司ほか編『景品表示法の法律相談（改訂版）』（前掲）251～256頁
■ 森田満樹編著『食品表示法ガイドブック』（前掲）85頁

(TY)

§2 公正競争・景品表示等の分野

Q25 徒歩による最寄り駅からの所要時間―不動産の表示に関する公正競争規約，景品表示法，宅建業法

不動産の広告で，最寄り駅からの所要時間を表示する場合，どのように算出すべきですか。

ポイント 公正競争規約についても確認することが必要

A 不動産の表示に関する公正競争規約（後掲公的基準等①）15条4号に関して，不動産の表示に関する公正競争規約施行規則（後掲公的基準等②）10条10号は，「徒歩による所要時間は，道路距離80メートルにつき1分間を要するものとして算出し…，1分未満の端数が生じたときは，1分として算出すること」と規定しています。したがって，例えば，800メートルの場合は「徒歩10分」，820メートルの場合は「徒歩11分」となります。

また，同施行規則10条8号は，物件から駅などの各施設までの「道路距離又は所要時間を表示するときは，起点及び着点を明示して表示すること」と定めています。したがって，単に「●●駅から徒歩○分」と表示するのではなく，「▲▲駅中央口から徒歩10分」，「△△駅5番出口から徒歩11分」などのように表示することが望ましいことになります。

自動車や自転車による所要時間の算出について，同施行規則10条7号および11号は，「道路距離を明示して，走行に通常要する時間を表示すること」として，具体的な算出基準を定めていません。

電車やバスの所要時間の表示については，日常の通勤や通学を考慮して，同施行規則10条6号に詳細を定めています。すなわち，①起点・着点となる駅名等を明示すること，②乗換えを要するときは，その旨を明示すること，③特急・急行の種別を明示すること，④通勤時の所要時間と平常時の所要時間が異なる場合はこれらを併記することが望ましいこと，⑤通勤時に利用できない電車・バス等の所要時間についてはその旨を表示し，かつ，通勤時にも利用できる電車・バス等の所要時間を併記すること，などとされています。

101

第Ⅱ部　広告表示の法的規制　Q&A

　なお，宅地建物取引業法32条も，現在・将来の交通の利便に関して著しく事実に相違する表示を行うなどの誇大広告等を禁止しています。

［検討］

　「不動産の表示に関する公正競争規約」は，「不動産公正取引協議会連合会」が運用する**公正競争規約**です。公正競争規約は，業界団体（通常，その業界に属する各種の団体で「公正取引協議会」を組成します）が定めて運用する**自主規制**です。これは，景品表示法31条に基づき，内閣総理大臣および公正取引委員会の認定を受けたもので，一定の法的裏づけがあるものです。

　公正競争規約に規定すべき具体的な項目や体裁についての定めはありませんが，業界ごとの公正取引協議会は，この公正競争規約に基づき，公正マーク等の制度を設け，「消費者が安心して商品を選択できる目安」などを提供しています。このほか，規約違反の表示を行った者に対しては，警告して是正を求め，さらに必要な場合には，制裁として除名や違約金を科すなどの措置により，業界内の公正競争規約の順守の確保に努めています。

　なお，この公正競争規約に参加していない業者（いわゆるアウトサイダー）にこの規制は及びませんが，景品表示法上の不当表示に該当すれば，景品表示法違反として消費者庁による措置がとられることになります。

▌参照すべき公的基準等

①　不動産公正取引協議会連合会「不動産の表示に関する公正競争規約（コード番号66）」（昭和38年6月17日認定。最終改正平成28年4月1日施行）
②　同施行規則（最終改正平成28年4月1日施行）

▌お勧め参考文献

- 伊従・矢部編『広告表示規制法』（前掲）114〜118頁，259〜265頁
- 大元慎二編著『景品表示法（第5版）』（前掲）235〜252頁
- 加藤公司ほか編『景品表示法の法律相談（改訂版）』（前掲）285頁

（HY）

§2　公正競争・景品表示等の分野

Q26 「天然」,「自然」,「純正」という表示
―食品表示基準，景品表示法，公正競争規約

食品の容器包装に，「天然」や「自然」，「純正」という用語を使用する際に留意すべき点について教えてください。

ポイント　食品表示基準別表22，個別の公正競争規約に留意

A　一般用加工食品の中には，「天然」,「自然」,「純正」といった用語を使ってはならない旨が個別に定められているものがあるため留意が必要です。（食品表示基準9条2項，別表22)。

また，「天然」,「自然」,「純正」であることに価値がある商品について，実際には「天然」,「自然」,「純正」ではないのに，そのように表示した場合には，優良誤認表示（景品表示法5条1号）に該当する可能性があります。さらに，業界によっては公正競争規約による規制が設けられている場合もあります。

［検討］

1　食品表示基準

食品表示基準9条2項は別表22上欄に掲げる食品（全41品目）について，別表22下欄に掲げる表示禁止事項を容器包装に表示してはならない旨規定しています。全41品目のうち，14品目の一般用加工食品については，「天然」,「自然」または「純正」の用語を容器包装に表示することが禁止されています。その概要は下記のとおりです。

〈別表22〉の概要（その一例）

一般用加工食品	表示禁止事項
農産物缶詰及び農産物瓶詰	1　「天然」又は「自然」の用語 2　「純正」その他純粋であることを示す用語

103

第Ⅱ部　広告表示の法的規制　Q&A

トマト加工品	「天然」又は「自然」の用語
凍り豆腐	1　人工的に凍結して製造したものにあっては，天然，自然その他自然の寒気を利用して凍結したものと誤認させる用語 2　「純」，「純正」その他純粋であることを示す用語
乾燥わかめ	1　「天然」又は「自然」の用語。ただし，天然わかめを使用した場合はこの限りでない。
塩蔵わかめ	同上
みそ	1　食品衛生法施行規則（以下この表において「規則」という。）別表第一に掲げる添加物を使用したものにあっては，「純」，「純正」その他純粋であることを示す用語 2　「天然」又は「自然」の用語（加温により醸造を促進したものでなく，かつ，規則別表第一に掲げる添加物を使用していないものについての「天然醸造」の用語を除く。）
果実飲料	2　「天然」，「自然」の用語 3　「純正」，「ピュアー」その他純粋であることを示す用語。ただし，果汁ジュースであって，かつ，原材料及び添加物に果実の搾汁及び天然香料以外のものを使用していないものに表示する場合は，この限りでない。

　上記の7品目以外にも，「しょうゆ」，「食酢」，「風味調味料」，「レトルトパウチ食品」，「炭酸飲料」，「豆乳類」，「にんじんジュース及びにんじんミックスジュース」の7品目について同様の規制が設けられています。

2　公正競争規約

　このほか，公正競争規約により，業界によっては，「天然」，「自然」または「純正」の用語の使用基準が設けられている場合もあります。例えば，果実飲料について「果汁飲料等の表示に関する公正競争規約」（後掲公的基準等②）6条に関する施行規則4条は，上記食品表示基準と同趣旨の規定を設けています。また，鶏卵について，「鶏卵の表示に関する公正競争規約」（後掲公的基準等③）5条5号で，「天然卵」，「自然卵」などの表示はできないと定めています。さらに，食用塩についても「食用塩の表示に関する公正競争規約」（後掲公的基準等④）5条8号で「天然塩」，「自然塩」などの表示はできないものと

§ 2 公正競争・景品表示等の分野

されています。

参照すべき公的基準等

① 「食品表示基準」（平成27年 3 月20日制定。最終改正平成30年 9 月21日）
② 果汁飲料公正取引協議会「果汁飲料等の表示に関する公正競争規約（コード番号 8 ）」（昭和46年 3 月 2 日制定。最終改正平成30年 8 月 1 日）
③ 鶏卵公正取引協議会「鶏卵の表示に関する公正競争規約（コード番号25）」（前掲）（平成21年 3 月26日認定。最終改正平成28年 9 月23日）
④ 食用塩公正取引協議会「食用塩の表示に関する公正競争規約（コード番号30)」（平成20年 4 月18日認定。最終改正平成28年11月23日）

お勧め参考文献

■ 森田満樹編著『食材偽装』（ぎょうせい・2014年）119～121頁
■ 森田満樹編著『食品表示法ガイドブック』（前掲）94頁

(AI)

105

第Ⅱ部　広告表示の法的規制　Q&A

Q27　果汁飲料水─景品表示法，食品表示法

果実の味がする飲料（アルコール飲料以外）における果汁の表示について留意すべき点を教えてください。

ポイント　果汁の含有量に応じて表示ルールが定められていることに注意

A　果実飲料等（果汁を含まないものや，果汁10％未満のものでも，果実の搾汁を使用すると印象づける飲料も含みます。以下同じ）については，食品表示法に基づいて定められている食品表示基準のほか，景品表示法（以下「景表法」といいます）31条によって果実飲料公正取引協議会が定める「果実飲料等の表示に関する公正競争規約」（後掲公的基準等①。以下「果実飲料規約」といいます）や，各種JAS規格等の様々な基準に従って表示をする必要があります。

　また，果汁の含有量について消費者に誤認を生じさせないよう，景表法5条3号に基づき，「無果汁の清涼飲料水等についての表示」（後掲公的基準等②。以下「無果汁告示」といいます）および同運用基準で具体的な表示方法が定められています。これらの定めに従って，不当表示に該当しない表示をする必要があります。

［検討］

1　必要な表示事項

　果実飲料規約では，果実飲料等の表示ルールが細かく定められています。果実飲料等の容器または包装には，⑴名称，⑵原材料名，⑶添加物，⑷内容量，⑸賞味期限，⑹保存方法，⑺使用方法，⑻原産国名，⑼事業者の氏名または名称および住所，⑽製造所または加工所の所在地および製造者または加工者の氏名または名称，⑾栄養成分の量および熱量を果実飲料規約施行規則3条1項に従って表示しなければなりません。以上に加え，果実飲料等について，⑿果汁

§2　公正競争・景品表示等の分野

の使用割合，⒀加糖商品にあってはその旨，⒁濃縮還元の場合にあってはその旨，⒂冷凍果実飲料にあってはその旨，⒃使用上の注意がある場合にはその旨を，果実飲料規約施行規則3条2項に従って表示しなければなりません。

2　不当表示

飲料に果汁または果肉が全く含まれていない場合において，以下の表示をするときは，同時に「無果汁」，「果汁を含まず」，「果汁ゼロ」，「果汁0％」のいずれかの表示をしなければなりません。これらいずれかの表示をしない場合，不当表示（景表法5条3号）となります（無果汁告示運用基準（後掲公的基準等③）1項）。

① 容器または包装に記載されている果物の名称を用いた商品名等の表示

② 容器または包装に掲載されている果物の絵，写真または図案の表示

③ 当該清涼飲料水等またはその容器もしくは包装が，果汁，果皮または果肉と同一または類似の色，香りまたは味に着色，着香または味付けがされている場合のその表示

また，果汁が含まれているとしても，5％未満の場合には，**無果汁の場合と同様の表示**，または**果汁・果肉の割合の明示**をしない限り，上記①～③の表示は不当表示（景表法5条3号）となります（同2項）。

果実飲料規約6条および同施行規則4条でも，不当表示として禁止される表示について細かく定められています。

例えば，果汁100％未満10％以上の濃縮還元ジュース等や，果汁10％未満の飲料については，果実から果汁のしずくが落ちている等の表示および果実のスライス等の表示は原則として不当表示に当たるとされています。また，果汁が含まれていない，または5％未満の飲料については，果実の絵（ただし，図案化した絵は除きます）を表示することは，原則として不当表示に該当するとされています。

第Ⅱ部　広告表示の法的規制　Q&A

参照すべき公的基準等

① 　果実飲料公正取引協議会「果実飲料等の表示に関する公正競争規約」（コード番号89）（昭和46年3月20日制定，最終改正：平成30年8月1日）・同施行規則（平成28年11月22日施行）
② 　「無果汁の清涼飲料水等についての表示」（昭和48年3月20日公正取引委員会告示第4号）
③ 　「無果汁の清涼飲料水等の表示」に関する運用基準（昭和48年5月9日事務局長通達第6号，最終改正：平成13年2月5日事務総長通達第16号）
④ 　「食品表示基準」（平成27年内閣府令第10号）
⑤ 　「果実飲料の日本農林規格」（全部改正：平成10年7月22日農林水産省告示第1075号，最終確認：平成29年10月20日 農林水産省告示第1582号）（JAS規格）
⑥ 　「りんごストレートピュアジュースの日本農林規格」（平成19年10月30日農林水産省告示第1348号，最終改正：平成29年10月20日 農林水産省告示第1577号）（JAS規格）

参照すべき自主的基準等

■ 社団法人日本果汁協会「清涼飲料水の「レモン果実1個当たりのビタミンC量」の表示について」（20果本第115号，平成21年3月25日）

お勧め参考文献

■ 大元慎二編著『景品表示法（第5版）』（前掲）138〜140頁
■ 加藤公司ほか編『景品表示法の法律相談（改訂版）』（前掲）244〜249頁
■ 伊従・矢部編『広告表示規制法』（前掲）488〜489頁

（YK）

§2 公正競争・景品表示等の分野

Q28 「最高級」という表現──景品表示法，公正競争規約

優良誤認または有利誤認の問題を生じやすい「No.1」，「最高」などの表示に対しては，どのような規制が設けられていますか。

ポイント 客観的な数値・根拠のない「No.1」はアウト

A 「No.1」，「最高」などの表現は，他のすべての事業者の提供する商品・サービス等に比較して優位性があるという趣旨であり，客観的な事実に係る表示です。したがって，優位性については客観的な裏づけを必要とするものであり，また，それに必要な裏づけがなく，かつ，著しく優良または有利であると一般消費者が誤認するような表示であれば，景品表示法（5条）の不当表示に該当するおそれがあります。これに対する規制の一環として，公正取引委員会は，平成20年6月13日に「**No.1表示に関する実態調査報告書**」（報告書）（後掲公的基準等①）を公表し，**行政指導の基本原則**を明らかにしています。また，関係ある業界（例えば，**家庭電器製品小売業界**においては，公正競争規約（後掲公的基準等②）を制定し，そのなかにおいて，裏づけとなる客観的な数値または根拠を付記することなしに，そのような最高級を意味する用語を使用することを禁止しています。

［検討］

優良誤認または有利誤認の問題を生じやすい用語の類型には，一般的に，次のようなものが挙げられます。

〔最高級を意味する用語〕
「最高」，「最高級」，「世界一」，「どこよりも」，「ベスト」，「一番」，「No.1」，「極上」，「超」，「特選」，「高級」，「完璧」，「世界最速」，「抜群」，「絶対」等
〔唯一性を意味する用語〕
「最古」，「最新」，「世界初」，「当社だけ」，「業界初」等

109

第Ⅱ部　広告表示の法的規制　Q&A

報告書（第5）では，「No.1」の表示の取扱いについて，次のように4つの考え方を明らかにしています。

① 「No.1」表示の対象となる商品等の範囲を明確にすること

② 都道府県，市町村等の行政区画に基づいて，調査の対象地域を表示すること

③ 直近の調査結果に基づいて表示すること。また，「No.1」表示の根拠となる調査の期間・時点を明確に表示すること

④ 根拠となる調査の出典（調査会社名等）を具体的にかつ明瞭に表示すること

激しい自由競争のもとでは，「No.1」等の地位が絶えず入れ替わる可能性があります。したがって，「No.1」等の表示にあっては，直近の調査に基づくなど，特に慎重な対応が必要と思われます。また，各業界の公正競争規約が，裏づけとなる客観的な数値または根拠を付記することなしに上記のような用語を用いることを禁止している例は，同様な認識に基づくものと思われます。さらに，利用者に誤解を与える広告表示を防ぐため，公正競争規約ではない自主規制として，基準を制定している業界もあります。例えば，電気通信サービス向上推進協議会の「電気通信サービスの広告表示に関する自主基準及びガイドライン（後掲自主的基準等）(14条)」は，電気通信事業者に対して，通信の速度に関する**「世界最速」**などの表現については，慎重に対応することを求めています。

なお，景品表示法（5条）の規定は，自己の**「供給する」**商品または役務に関する取引（例えば，商品の販売）を規制するものですから，事業者が商品または役務の**「提供を受ける」**取引（例えば貴金属や骨とう品の買取り）に関する広告は，**景品表示法の対象となる広告表示ではありません**（大元・前掲書44頁）。買取りには，**「訪問購入（出張買取り）」**と**「店頭買取り」**の2つの形態がありますが，前者を規制する特定商取引法（58条の4），後者を規制する「古物営業法」のいずれにも，「高額買取り，地域No.1」のような**広告表示を規制する規定は存在しません。つまり，買取業務の広告表示については，これを**

§2　公正競争・景品表示等の分野

規制する直接的な規定が存在しないことになります。

　しかし，法的規制がないからといって，事業者としては，客観的かつ十分な根拠が存在しない場合に，このような断定的な広告表示を行うことは，消費者保護の観点から見て望ましくありません。また，訪問購入の場合，消費者はクーリング・オフを行うことができ（58条の14），また，クーリング・オフ期間中は，購入業者に対して物品の引渡しを拒絶することができますが（58条の15），**店頭買取りにクーリング・オフの適用はありませんので，**消費者としては，このような誇張した広告表示に踊らされないよう十分注意する必要があります。

参照すべき公的基準等

① 公正取引委員会「No.1表示に関する実態調査報告書」（平成20年6月13日）
② 公益社団法人全国家庭電気製品公正取引協議会「家庭電気製品小売業における表示に関する公正競争規約」（コード番号48)」（昭和59年6月1日認定。直近の改正平成26年7月25日）

参照すべき自主的基準等

■ 電気通信サービス向上推進協議会「電気通信サービスの広告表示に関する自主基準及びガイドライン」（2014年7月8日制定，直近の改定2018年1月30日）

お勧め参考文献

■ 電通法務マネジメント局編『広告法』（前掲）165～168頁
■ 大元慎二編著『景品表示法（第5版）』（前掲）44頁，337～338頁
■ 加藤公司ほか編「景品表示法の法律相談（改訂版）」（前掲）154～161頁
■ 川井克倭・地頭所五男『Q&A景品表示法（改訂版第二版）』（青林書院・2009年）200～204頁
■ 奈良恒則監修『特定商取引法・景品表示法のしくみと対策』（前掲）128～131頁

(TY)

第Ⅱ部　広告表示の法的規制　Q&A

Q29　屋外広告—屋外広告物法，建築基準法，道路法，道路交通法，条例

> ビルの屋上などに設置される広告塔等に関する規制について教えてください。
>
> **ポイント**　地域のルールに沿った設置を

A　広く屋外の広告媒体（OOH-Out of Home media）といえば，ビルの屋上などに固定された**屋外広告**（以下「屋外広告」といいます）とバスや鉄道などを利用した動く広告（**交通広告**）に大別されますが，ここでは，前者について概観することにします。

屋外広告の場合，広告表示の内容が適法・適正であることに加えて，美観風致や公衆への危害防止のために，「屋外広告物法」によって，屋外広告の表示の場所・方法等について規制が設けられ，また，規制の権限は都道府県の条例に委任されています。

加えて，広告板の高さが4メートルを超える場合には，建築基準法に基づく工作物の確認手続が必要になります。また，広告物を道路上に設置する場合は，道路法に基づく道路占用の許可や道路交通法に基づく道路使用許可を，道路管理者から取得する必要があります。

以上のように，屋外広告物に対する規制は多岐にわたります。

［検討］

屋外広告は，その場所を行き交う人々の目に広く触れさせることができるため，一般大衆向けの広告手法として有用です。屋外広告物法では，①常時または一定の期間継続して，②屋外で，③公衆に表示されるものであって，④看板，立看板，はり紙およびはり札ならびに広告塔，広告板，建物その他の工作物等に掲出され，または表示されるもの，ならびにこれらに類するものを，「屋外広告物」と定義しています（同法2条1項）。したがって，以下などは，屋外

広告物に該当しません。

- 街頭で配布されるビラやチラシ
- 屋内に表示されるもの（建物や車の窓の内側に表示しているもの）
- 工場，野球場，遊園地等で，その構内に入った者のみを対象にするもの
- 街頭演説等の「のぼり旗」のように，一時的で，かつ，設置者の直接的な管理下にあるもの
- 音響広告

次に，屋外広告物法は，次の事項を都道府県の条例に委任できる旨を定めています（同法3条～5条等）。

① 一定の地域・場所・物件における表示等の禁止

② 表示等について都道府県知事の許可を受けるべき旨を定める規制

③ 形状，面積，色彩，意匠等の表示についての基準の設定

この規定を受けて，条例は，一般的に景観法8条2項に基づく景観計画に即して，屋外広告物を出せない「禁止区域」や「禁止物件」を具体的に指定しています。例えば，景観地区や文化財保護法の建造物とその周辺に屋外広告を出すことはできないほか，橋，高速鉄道橋，景観重要建造物などの特定の物件に屋外広告を表示することはできません。

禁止区域や禁止物件以外においては，理論上，屋外広告が出せることになりますが，実際にはほとんど禁止区域以外の地域が許可地域に指定されていますので，許可を得ずに屋外広告を出せる地域はほとんどないといってよいでしょう。

適用除外として，多くの条例は，道標，案内図板，選挙ポスター，冠婚葬祭の広告表示等については，禁止区域や禁止物件であっても掲出を認めています。また，自家用広告物（自己の氏名，名称，商標等を自己の住所・事業所・営業所等に表示する広告物）も，多くの条例では適用除外として扱われています。

なお，屋外広告を実際に設置する場合には，「屋外広告物条例ガイドライン（後掲公的基準等）および「屋外広告倫理綱領」（後掲自主的基準等）を踏まえることも必要になります。

第Ⅱ部　広告表示の法的規制　Q&A

参照すべき公的基準等

- 国土交通省「屋外広告物条例ガイドライン」（昭和39年3月27日付通達，最終改正平成30年9月27日）

参照すべき自主的基準等

- 一般社団法人全日本屋外広告業団体連合会「屋外広告倫理綱領」（昭和39年8月制定）

お勧め参考文献

- 伊従・矢部編『広告表示規制法』（前掲）39頁，284頁，613頁
- 電通法務マネジメント局編『広告法』（前掲）266〜272頁
- 岸志津恵・田中洋・嶋村和恵『現代広告論（第3版）』（有斐閣・2017年）246〜248頁，353頁
- 志村潔『こんな時，どうする「広告の著作権」実用ハンドブック（第2版）』（前掲）125頁

(HY)

§2 公正競争・景品表示等の分野

Q30 合格者数の水増し表示—特定商取引法，景品表示法

「当塾から○○大学に100名合格！」のような広告表示に問題はありま
せんか。

ポイント 「優良誤認表示」，「誇大広告」に該当するリスクに注意

A 客観的な事実に基づくものであれば許されます。しかし，合格者数を水
増しした場合には，優良誤認表示であるとして景品表示法（以下「景表法」と
いいます）5条に抵触します。また，学習塾が授業を提供する行為は，特定商
取引法（以下「特商法」といいます）の「特定継続的役務提供」（同法41条，
同法施行令11条）に該当する場合があり，合格者数を水増しした場合には，
「誇大広告の禁止」（同法43条）に抵触するおそれがあります。さらに，業界の
自主基準にも留意する必要があります。

[検討]

1 景品表示法

合格者数を実際の数値より多く表示した場合，役務の内容が実際のものより
も著しく優良であると表示したとして，優良誤認表示（景表法5条1号）に該
当します。この場合，消費者庁により措置命令（同法7条）および課徴金納付
命令（同法8条）が課されるおそれがあります。

現に，消費者庁は合格者数を実際よりも多く表示していた場合について，措
置命令を発しています（例えば，平成23年4月26日「学習塾等を経営する事業
者3社に対する景品表示法に基づく措置命令について」等）。

2 特定商取引法

学習塾の役務，すなわち，入学試験に備えるため（幼稚園および小学校の入
学試験は除きます）または学校教育の補習のため（大学および幼稚園の補習は

115

除きます），学校教育法1条に該当する学校（幼稚園および大学を除きます）に在籍する児童，生徒または学生（現役）を対象にして行う学力の教授で，役務提供期間が2カ月を超え，役務提供の対価が5万円を超えるものであれば，**「特定継続的役務提供」**（特商法41条，同法施行令11条）に該当します（同法施行令別表第4の5）。現役を含まない**浪人生のみ**を対象とした学力の教授は対象となりません。また，2カ月以下の短期講習も対象外となります。

特定継続的役務の提供条件等を広告するときは，著しく事実に相違する表示をし，または実際のものより著しく優良であり，もしくは有利であると人を誤認させるような表示をしてはならないとされています（誇大広告の禁止，同法43条）。誇大広告の禁止に抵触する場合には，業務改善指示（同法46条）や業務停止命令（同法47条），業務禁止命令（同法47条の2）などの行政処分を受けるおそれがあるほか，刑事罰（同法72条。100万円以下の罰金）の対象にもなります。主務大臣は，誇大広告に該当するか否かを判断するために必要があると認められるときは，合理的な根拠を示す資料の提出を求めることができ，役務提供事業者等が当該資料を提出しない場合は誇大広告に該当するものとみなされます（同法43条の2）。

3　自主基準

自主規制団体である「公益社団法人全国学習塾協会」は，業界の健全化を図るため，「学習塾業界における事業活動の適正化に関する自主基準（後掲自主的基準等）を設けています。例えば，同基準6条およびその実施細則2条2項6号には，「合格実績」の表示に関する規定が設けられ，次のように定められています。

① 合格実績を表示する場合には対象となる生徒の範囲を明示する。当年度実績か過年度の累計・積算かを明示する。

② 塾生徒の範囲を決定するための基準は，受験直前の6カ月間のうち，継続的に3カ月を超える期間等学習塾に在籍し，通常の学習指導を受けた者とする。ただし，受験直前に集中講義等を受講し，その受講時間が50時間

§2　公正競争・景品表示等の分野

を超える場合には，在籍期間にかかわらず塾生徒とすることができる。3
カ月または50時間の受講内容は，正規の授業もしくは講習でかつ有料のも
のでなければならないものとし，体験授業・体験講習・無料講習・自習・
補習等であったり，単に教室内にいただけの自習時間は含まれないものと
する。

③　表示する情報の範囲・従属性を明確にするため，事業主体となる広告主
体および／または合格実績が，事業主体の全部か，分教室の一部か，
チェーンシステムにおける同名塾全体または一部か，提携塾全体または一
部かのいずれかに該当するかを明示する。

④　合格実績の人数表示は，学校別に表示する。

⑤　生徒の氏名を公表する場合には保護者の同意も得る。生徒の写真・映
像・画像等，および文章等を公表する場合も同様とする。イニシャル（1
文字以上）であっても同様とする。

参照すべき公的基準等

■ 消費者庁「特定商取引に関する法律等の施行について」（平成29年11月1日　消費
者庁次長通達）
■ 消費者庁HP「特定商取引ガイド」

参照すべき自主的基準等

■ 公益社団法人全国学習塾協会「学習塾業界における事業活動の適正化に関する自
主基準」（平成11年11月22日施行），同実施細則

お勧め参考文献

■ 奈良恒則監修『特定商取引法・景品表示法のしくみと対策』（前掲）142，146～
148頁
■ 圓山茂夫著『詳解　特定商取引法の理論と実務〔第4版〕』（前掲）503～510頁，
536～538頁

（AI）

第Ⅱ部　広告表示の法的規制　Q&A

Q31　過大包装─景品表示法，過大包装基準

外部から見えない部分に詰め物をして，底上げして商品を販売した場合，
法令上の問題はありますか。

ポイント　景品表示法（不当表示）や各自治体の過大包装基準に違反する
おそれあり

A　本問のように，商品の内容量を実際よりも多く入っているかのように外
装によって見せかける，いわゆる**過大包装**は，景品表示法（以下「景表法」と
いいます）上の有利誤認表示の規制（5条2号）に抵触するおそれがあります。

　また，各都道府県の条例では，環境への配慮や，景表法の規制と同様の消費
者保護の観点から過大包装基準が設けられており，本問のような包装は同基準
に抵触するおそれもあります。

　事業者は，以上の法令に違反しないよう，商品の内容量に適した包装を行う
必要があります。

[検討]

　景表法では，「商品又は役務の価格その他の取引条件について，実際のもの
又は当該事業者と同種若しくは類似の商品若しくは役務を供給している他の事
業者に係るものよりも取引の相手方に著しく有利であると一般消費者に誤認さ
れる表示であって，不当に顧客を誘引し，一般消費者による自主的かつ合理的
な選択を阻害するおそれがあると認められるもの」を不当表示として禁止して
います（5条2号）。例えば，「他社商品の1.5倍の量」と表示しているにもか
かわらず，実際は他社商品と同程度の内容量しかない場合，「その他の取引条
件」について「誤認させる表示」となり，有利誤認表示規制に違反することに
なります。

　これと同様に，過大包装についても，商品の内容量（景表法上の要件として
は「その他の取引条件」）について，実際のものよりも著しく有利であると一

118

§2 公正競争・景品表示等の分野

般消費者に誤認されるような包装方法であった場合には，有利誤認表示規制に違反することになります。

歴史的に見ると，昭和40年代，観光地の土産品について，外部から見えない部分に過大な「上げ底」（容器の底を上げること）や「額縁」（額縁状の広い巾の縁取りを施すこと）を施して，包装箱の見た目より極端に少ない量しか内容物が詰められていないものを販売する事案が多発していました。これを受けて，昭和41年に全国観光土産品公正取引協議会が設立され，「**観光土産品に関する公正競争規約**」が制定されました。観光地土産品の販売を行う場合には，景表法違反にならない包装を施すため，同規約も参照する必要があります。

同様な観点から，化粧品，歯磨き類，アイスクリーム，チョコレート，食品のりなどの業界でも公正競争規約を設け，商品の特性や形状に応じた適正な包装について基準（公正競争規約）を設けています（**第Ⅰ部【基礎編】 参考1** を参照してください）。

また，各都道府県の条例では，上述の景表法の観点だけでなく，ゴミ減量等の環境への配慮から，過大包装基準（後掲公的基準等）が定められています。例えば，東京都の条例である東京都消費生活条例の施行規則第3章では，事業者が守るべき適正包装の一般的基準として，「内容品の保護又は品質の保全上必要以上に，空間容積若しくは包装費用が過大となる包装又は過剰な包装をしてはならないこと」（同規則5条3号），「過大な又は過剰な包装によって，消費者の判断を誤らせ，その商品選択を妨げてはならないこと」（同条4号）等が定められています。

以上に述べてきたことに照らせば，商品を実際よりも大きく見せるような，あるいは内容量が実際よりも多く見えるような過大包装は，基本的には法令に違反すると考え，避けたほうがよいでしょう。

参照すべき公的基準等

■ 各都道府県条例における過大包装基準（例：東京都「東京都消費生活条例」（平成6年10月6日，東京都条例第110号，平成27年3月31日改正）19条（適正包装の確

第Ⅱ部 広告表示の法的規制 Q&A

保）1項，「東京都消費生活条例施行規則」（平成6年12月26日，東京都規則第225号，平成28年2月10日改正）第3章（適正包装の一般的基準））

参照すべき自主基準等

- 全国観光土産品公正取引協議会「観光土産品の表示に関する公正競争規約」（コード番号31）（昭和41年2月12日認定）

お勧め参考文献

- 伊従・矢部編『広告表示規制法』（前掲）422～424頁
- 大元慎二編著『景品表示法（第5版)』（前掲）131頁
- 川井・地頭所『Q&A景品表示法（改訂版第二版)』（前掲）271頁～272頁

(YK)

§2　公正競争・景品表示等の分野

Q32　二重価格表示―景品表示法

例えば「通常価格10,000円の商品を特別価格4,980円で販売します」という表示（二重価格表示）は適法ですか。適法だとすれば，その場合の留意点について教えてください。

ポイント　有利誤認を招く大きなリスクに留意

A　「二重価格表示」とは，自己の販売価格の安さを強調するために，事業者が自己の販売価格に当該販売価格よりも高い他の価格（**比較対照価格**）を併記して表示することを意味します。

二重価格表示自体が直ちに違法になるわけではありません。しかし，比較対照価格の内容について適正な表示が行われていなかった場合（例えば「架空の高額な比較対照価格」を併記した場合）には，消費者に対して販売価格がいかにも安いとの印象（誤解）を与える可能性があります。しかし，実は安くなかった場合，このような二重価格表示は，実際の取引条件よりも著しく有利であるとの誤解を与え，「不当な二重価格表示」として景品表示法（5条2号）に抵触するおそれがあります。留意点は，二重価格による表示で，通常の取引条件より著しく有利である（価格が安い）と，**消費者から誤認されることがないようにする**ということにつきます。

［検討］

二重価格表示における比較対照価格に関しては，公正取引委員会から「**不当な価格表示についての景品表示法の考え方**」（価格表示ガイドライン）（後掲公的基準等）が公表され，消費者庁に引き継がれています。

1　ガイドラインの定め

このガイドラインは，次の**5つの類型**を挙げています。

① 同一ではない商品の価格を比較対照価格とする二重価格表示（同第4.

121

1）（例：新品と中古品，旧型と新型などの価格を比較対照価格にする二重価格表示）

② 過去・将来の販売価格を比較対照価格とする二重価格表示（同第4.2）（例：「当店通常価格（過去の販売価格）」などを比較対照価格にした二重価格表示，または「セール期間終了後の価格（将来の販売価格）」を比較対照価格にする二重価格表示，タイムサービス開始前（過去）またはタイムサービス終了後（将来）の販売価格を比較対照価格にした二重価格表示）

③ メーカー希望小売価格を比較対照価格とする二重価格表示（同第4.3）（例：メーカーのカタログに記載されている小売価格を比較対照価格にした二重価格表示）

④ 他社の販売価格を比較対照価格とする二重価格表示（同第4.4）（例：チラシなどの広告に，「A社」（社名を表示せず）の販売価格を表示し，これを比較対照価格にした二重価格表示）

⑤ 他の顧客向けの販売価格を比較対照価格とする二重価格表示（同第4.5）（例：会員制の販売方法において，非会員価格を比較対照価格にした二重価格表示）

2　留意点

　このガイドラインを踏まえ，①自社の過去の販売価格と比較する場合，②自社の将来の販売価格と比較する場合，および③競争事業者の販売価格と比較する場合の留意点について，簡単に説明することにします。

①　過去の販売価格を比較対照価格にする場合

　最も重要なことは，「同一の商品」について，「**最近まで**」の「**相当期間**」にわたって「**実際に販売されていた価格**」が比較対照価格であるか否かという事実関係です。「**最近まで**」とは，「比較対照価格で販売されていた最後の日から2週間以内」を意味します。また，「**相当期間**」とは，「表示時点からさかのぼる8週間のうちの過半数を占める期間」のことです。ただし，通算して2週間

§2　公正競争・景品表示等の分野

以上の期間販売されていることが必要です（消費者庁は，カタログなどで表記した「通常税抜価格」ではこの要件を満たしていないという理由で，ジャパネットたかたに措置命令を発しています。日本経済新聞2018年10月19日朝刊38面）。

②　将来の販売価格を比較対照価格にする場合

　例えば，「1月1日から当月末まで4,980円の特別価格で販売しますが，2月1日以降の販売価格は10,000円になります」と表示して行う販売がこれに該当します。この場合，表示された将来の販売価格に**十分な根拠**が必要です。根拠がない場合，特に，セール期間終了後，販売価格を引き上げる予定がない場合には，比較対照価格が架空のものとなるため，二重価格表示は不当表示ということになります。

③　競争事業者の販売価格を比較対照価格にする場合

　当該競争事業者が実際に販売している最近の販売価格を正確に調査することが必要です。**正確な調査**をすることなく，競争事業者の販売価格を比較対照価格として表示した場合（競争事業者名を「A社」，「B社」のようにあいまいにした表示を含みます）は，検証手段を持たない消費者に販売価格が安いとの誤解を与え，不当表示になるおそれがあります。

参照すべき公的基準等
- 公正取引委員会「不当な価格表示についての景品表示法の考え方」（価格表示ガイドライン）（平成12年6月30日策定・公表，平成28年4月1日に消費者庁へ移管）

お勧め参考文献
- 大元慎二編著「景品表示法（第5版）」（前掲）23頁，94～119頁，328頁
- 加藤公司ほか編『景品表示法の法律相談（改訂版）』（前掲）209～235頁
- 電通法務マネジメント局編『広告法』（前掲）161～164頁

(TY)

第Ⅱ部　広告表示の法的規制　Q&A

Q33　強調表示と打消し表示―景品表示法

実際には条件や例外があるにもかかわらず、「誰でも無料」、「地下鉄の全駅でWi-Fiが利用可能」などと強調するような広告表示は問題ありませんか。

ポイント　打消し表示は適切に行うこと

A　一般消費者に商品・サービスの内容や取引条件について訴求する表示（**強調表示**）において，例外事項や制限条件等がある場合は，その旨の表示（**打消し表示**）をわかりやすく**適切に行わない**と，景品表示法に違反するおそれがあります（5条2項）。

本問の場合，「誰でも無料」という強調表示に対して「○○プラン加入者に限ります」，「地下鉄の全駅でWi-Fiが利用可能」という強調表示に対して「一部例外の駅があります」という**打消し表示**を，①一般消費者が実際に表示物を目にする状況（手に取る，遠くから眺めるなど）において適切な大きさ，かつ，②強調表示の文字とバランスの取れた大きさの文字で，③強調表示に対する打消し表示であると一般消費者が認識可能な配置で，背景と区別のつく色で表示する等により，**一般消費者の誤認を回避する措置を講じる必要**があります。

［検討］

強調表示は，一般消費者にとって魅力的な事項を特に強調することで一般消費者の耳目を集めることを意図したものであり，それが事実に反するものでない限り，問題はありません。ただし，強調表示は，対象商品・サービスのすべてにおいて無条件に当てはまるものと一般消費者に受け止められるため，例外事項や制限条件がある場合は，一般消費者がその旨も認識できるような強調表示を行うか，打消し表示を行う必要があります。

消費者庁は，「打消し表示に関する実態調査報告書」，「スマートフォンにおける打消し表示に関する実態調査報告書」，および「打消し表示に関する表示

§2　公正競争・景品表示等の分野

方法及び表示内容に関する留意点（実態調査報告書のまとめ）」の3つを公表しています。特に，「実態調査報告書のまとめ」の中で，**表示内容に問題のある「打消し表示」**を以下のように4つに分類しています。

① 例外型（例外がある旨が打消し表示に記載されているもの）

② 別条件型（割引等が適用されるための別途条件が打消し表示に記載されているもの）

③ 追加料金型（「追加料金不要」であるかのような強調表示を打ち消すための表示に，追加料金が発生する旨を記載しているもの）

④ 試験条件型（打消しの表示に，客観的に実証された試験結果を記載し，一定の条件下では効果がない場合を記載しているもの）

また，上記の報告書は，すべての広告媒体に共通する「打消し表示」として，すでに A で述べた**3つの要件が必要である**ことを指摘した上で，動画広告やスマートフォンの場合に特有な問題についても言及しています。すなわち，動画広告の場合，①打消し表示が含まれる画面の表示時間を適切に確保すること，②強調表示と打消し表示を同一画面にすること，③強調表示を文字と音声で表示しながら，打消し表示を文字のみにするような方法はとらないこと，④複数の画面に，複数の内容の異なる強調表示と打消し表示が登場しないようにすること，などが挙げられています。この要件を踏まえて，打消し表示が十分でないとして，有利誤認表示とされた事例があります（後掲参考事例）。また，スマートフォンにおける打消し表示については，スマートフォン利用時には一般消費者が拾い読みする傾向などを踏まえ，①初期状態では強調表示しか表示されず，アコーディオンパネルのラベルをタップしなければ打消し表示を確認できない場合は，ラベルを強調表示に近接して配置すること，②強調表示とコンバージョンボタンを同一画面に表示する場合は，打消し表示も同一画面に表示すること，③強調表示と打消し表示を隣接させ，両者の文字の色や背景の色を統一することにより，強調表示と打消し表示を一体として認識できるようにすることなどが挙げられています。

このほか，**体験談を用いる場合の打消し表示**（「これを飲んだら痩せました！

第Ⅱ部　広告表示の法的規制　Q&A

※個人の感想です。効果・効能を保証するものではありません」など）におい
ては，当該商品・サービスの効果等や前提条件の差異を適切に表示するため，
事業者自身が行った調査における体験談と同様の効果が得られた者の割合等を
明瞭に表示すべきであるとして，客観性の担保を提唱しています。

■ 参照すべき公的基準
- 消費者庁「打消し表示に関する実態調査報告書」（平成29年7月14日付）
- 消費者庁「スマートフォンにおける打消し表示に関する実態調査報告書」（平成30年5月16日付）
- 消費者庁「打消し表示に関する表示方法及び表示内容に関する留意点（実態調査報告書のまとめ）」（平成30年6月7日付）

■ 参考事例
- 平成29年4月21日措置命令「プラスワン・マーケティング事件」

■ お勧め参考文献
- 電通法務マネジメント局編『広告法』（前掲）168〜171頁
- 大元慎二編著『景品表示法（第5版）』（前掲）325頁，334頁
- 古川昌平『エッセンス景品表示法』（前掲）95〜96頁，112〜114頁
- 大元慎二編著『打消し表示の実態と景品表示法の考え方—調査報告書と要点解説』（商事法務・2017年）89〜119頁，142〜153頁
- 加藤公司ほか編『景品表示法の法律相談（改訂版）』（前掲）166〜171頁

(HY)

§2　公正競争・景品表示等の分野

Q34　食材偽装表示—景品表示法

レストランの料理メニューで実際に使われていた食材と異なる表示を行った場合，問題となる法的規制にはどのようなものがありますか。

ポイント　「優良誤認表示」に該当するリスクに留意

A　料理メニューの表示が，一般消費者に対して実際のものより著しく優良な食材を使用しているかのように表示しているといえる場合には，「優良誤認表示」（景品表示法（以下「景表法」といいます））5条1号）に該当し，措置命令（同法7条）や課徴金納付命令（同法8条）が課されるおそれがあります。

　平成25年秋頃，ホテルのレストランの料理に使われていた食材が，メニューにて表示された「シバエビ」ではなく，「バナメイエビ」であった事件を発端に，食品表示等の問題が社会問題化しました。これを受け，消費者庁では，食品表示等の問題への取り組みの一環として，「メニュー・料理等の食品表示に係る景品表示法上の考え方について」（後掲公的基準等）という**ガイドライン**を作成しています（以下「ガイドライン」といいます）。

　なお，外食の場合は食品表示法上の表示義務はありません。そのため，本問のようなレストランの料理メニューについては食品表示法の規制は及ばず，景表法の規制のみが問題となります。

[検討]

1　メニュー・料理等の優良誤認表示の具体的な基準

　ガイドラインにおいて，優良誤認表示に該当するといえるための具体的な基準として，以下のとおり考え方が示されています（ガイドラインのQ&A第4のQ1〈説明〉の項を参照ください）。

　「①その料理や食材に関する社会常識や，用語等の一般的意味，社会的に定着していると認められるJAS法等を含めた他の法令等における定義・基準・

第Ⅱ部　広告表示の法的規制　Q&A

規格などを考慮し，表示された特定の食材（A）と実際に使用されている食材（B）とが異なるといえる場合において，

②その料理の性質，その料理や食材に関する一般消費者の知識水準，その料理や食材の取引の実態，メニュー等における表示の方法，表示の対象となる内容等を考慮し，表示された特定の食材（A）と実際に使用されている食材（B）が異なることを一般消費者が知っていたら，その料理に惹きつけられることは通常ないであろうと認められる程度に達する誇大表示といえるときには，優良誤認表示に該当することになります。」

2　事　例

実際に使われていた食材と異なる表示を行った場合に優良誤認表示となる例が，ガイドラインのQ&A（Q2からQ35）の中に挙げられており，まとめると以下のようになります。なお，括弧内の例は「表示された食材→実際に使用されている食材」を表しています。

① 食材の種類について実際と異なる表示をした場合で，かつ，安価な食材を使用する場合（例：クルマエビ→ブラックタイガー，イセエビ→アメリカンロブスター，シバエビ→バナメイエビ，サザエ→赤西貝，アワビ→ロコ貝，キングサーモン→サーモントラウト，キャビア→ランプフィッシュの卵，ボラのカラスミ→タラおよびサメの卵を使用したカラスミ風の食材，九条ネギ→青ネギおよび白ネギ，生クリーム→植物油を泡立てたホイップクリーム）

② 食材の種類は表示と実際が同じであるものの，一般的により高価であると認識されている食材である旨を表示した場合（例：地鶏→単なる国産鶏肉，牛乳→低脂肪牛乳，純米酒（醸造アルコールなどを使用せずに製造された清酒）→醸造アルコールなどを使用して製造された清酒，シャンパン→安価な発泡性ワイン，フレッシュジュース→既製品のオレンジジュース）

③ 生産者について事実と異なる表示をした場合（例：自家製のパン→他社

§2　公正競争・景品表示等の分野

製造のパン）

④　加工品等を使用しているのにもかかわらず，自然のままの食材を使用しているように表示した場合（例：ステーキ→成形肉，霜降りビーフステーキ→牛脂注入加工肉，フカヒレ→人工フカヒレ，岩海苔→養殖した黒海苔）

⑤　異なる産地を表示する場合（例：国産→オーストラリア産，伊勢志摩産イセエビ→オーストラリアミナミイセエビ，房総あわび→北海道産エゾアワビ，日高産キングサーモン→ニュージーランド産キングサーモン，フランス産の栗→中国産の栗）

⑥　一部異なるものを含むのにもかかわらず，すべてにおいて表示された食材を使用しているかのように表示する場合（例：駿河産の魚のみを使用している→駿河産以外の魚も使用している，山形県産はえぬき使用→山形県産以外の品種のブレンド米，カマンベールチーズ使用→カマンベールチーズ以外のチーズも使用）

⑦　製法が異なる場合（例：手打ち麺→機械打ちによる麺）

参照すべき公的基準等

■ 消費者庁「メニュー・料理等の食品表示に係る品表示法上の考え方について」（ガイドライン）（平成26年３月28日制定，最終改正平成28年４月１日）

お勧め参考文献

■ 大元慎二編著『景品表示法（第５版）』（前掲）34頁，
■ 電通法務マネジメント局編『広告法』（前掲）184～189頁
■ 森田満樹編著『食材偽装』（前掲）25～31頁，59～132頁

(AI)

第Ⅱ部　広告表示の法的規制　Q&A

Q35　景品提供に係る規制—景品表示法

キャンペーンを実施したいのですが，景品類の提供に関して，どのような規制が設けられていますか。

ポイント　景品類の最高限度額・総限度額が規制を超えないよう注意

A　景品表示法（以下「景表法」といいます）は，表示に関する規制のほかに，景品類の提供に関しても規制を設けています。本書は表示規制に関する問題に主眼を置いているため，詳細は他書に譲りますが，ここでは景品規制の概要を解説します。

　景表法における景品類の規制では，景品とは何かについての定義を設けるとともに，その提供方法，金額の制限などについて，法律のほか，法の授権に基づき，通達・告示等によって，規制を設けています。その趣旨・目的は，過大な景品に誘引されて，一般消費者が，質の良くない商品やサービスを選択することがないようにするためです（景表法1条）。

［検討］

1　景品の定義（2条3項）

　景表法は，①「顧客を誘引するための手段」として，方法のいかん（直接的であるか間接的であるか，くじ引きの方法によるか否か）を問わず，②事業者が，③自己の供給する商品またはサービスの「取引に付随」して，④相手方に提供する物品，金銭その他の「経済上の利益」，の4要件をすべて満たす場合を「景品類」と定義しています（2条3項）。この定義の解釈を補完するものとして，公正取引委員会（現在は消費者庁が景表法を所管）により「定義告示」（後掲公的基準等①）および「定義告示運用基準」（後掲公的基準等②）が設けられています。なお，同告示では，④の例外として，経済上の利益であっても，正常な商慣習に照らして，値引，アフターサービスまたは附属物と認め

§2 公正競争・景品表示等の分野

られるものについては，景品類に該当しないと定められていますので，必要に
応じて参照してください。

2 景品類の提供方法および金額の制限（4条）

大きく分けて次の2つに分類されています。

① 懸賞に関する規制（懸賞制限告示・同運用基準）

「懸賞」とは，「くじその他の偶然性を利用して定める方法」（後掲公的基準
等③，懸賞制限告示1項1号。例：商品についている券を用いて応募すると抽
選で景品が当たる場合等），または「特定の行為の優劣または正誤によって定
める方法」（同1項2号。例：キャッチフレーズを募集し，その優劣によって
当選者を定める場合等）によって，景品類の提供を受ける当選者等を決定する
方法のことです。なお，繰り返しになりますが，景表法の規制を受けるのは，
1で述べた「景品類」に該当する場合に限られます。例えば，CMを見てはが
きで応募するだけで誰でも抽選に参加できる場合等，取引に付随しないいわゆ
る「オープン懸賞」は，1の「景品類」の要件③を欠くため，景表法の規制は
かかりません。

懸賞に関する規制は，以下の3つの類型に分けて定められています。

(a) 一般懸賞

「一般懸賞」とは，後述の「共同懸賞」または「カード合わせ」に該当する
もの以外の懸賞をいい，同2項・3項に規制が定められています。一般懸賞に
より提供する景品類の最高額は，当該一般懸賞に係る取引の価額（例：抽選券
が付いている商品の価額）の20倍（ただし最大10万円）とされています（同2
項）。また，一般懸賞により提供する景品類の総額は，当該一般懸賞に係る取
引の予定総額（当該キャンペーンで想定される取引の総額）の2％以内に収め
なくてはなりません（同3項）。

(b) 共同懸賞

「共同懸賞」とは，商店街の年末大売り出しのように，一定の地域や商店街

131

第Ⅱ部　広告表示の法的規制　Q&A

において，事業者の相当多数が共同して行う懸賞をいい，同4項に規制が定められています。共同懸賞については，一般懸賞よりも制限が緩く，景品の最高額は取引価額にかかわらず30万円まで，総額については懸賞に係る取引の予定総額の3％までとされています。

(c)　カード合わせ

「カード合わせ」とは，二以上の種類の文字，絵，符号等を表示した付票のうち，異なる種類の付票の特定の組み合わせを提示させる方法を用いた懸賞（例：商品の内側に，数種類のうち1枚が見えないように封入されており，全種類のカードを集めた場合にのみ景品がもらえる等）です。カード合わせは，その方法自体に欺瞞性があり，また，子供の射幸心をいたずらにあおるという弊害があるとして，景品類の価額の大小を問わず同5項で**全面的に禁止**されています。近年，オンラインゲームで出回ったいわゆる「コンプガチャ」（購入時にはどれが購入できるかわからない状態でゲーム内アイテム等を購入させ，特定の種類のアイテム等の組み合わせを揃えると，さらに特別なアイテム等がもらえるというイベント）についても，カード合わせに該当するとされ，禁止されています（「オンラインゲームの『コンプガチャ』と景品表示法の景品規制について」（後掲公的基準等⑤））。

②　総付景品（総付制限告示・同運用基準）

「総付景品」とは，「購入した人にはもれなく」，「先着○名さま」というように，一般消費者に対して，「懸賞」によらないで，対象者全員（来店者，先着順）に提供される景品類をいいます。総付景品の最高額は，取引価額の20％（ただし，取引価額が1,000円未満の場合，200円まで可）とされています（総付制限告示1項）。ただし，1にて述べた「景品類」に該当する場合で，対象者全員に提供される場合であっても，商品またはサービスの利用に必要な物品，見本として提供されるもの，割引券，もしくは記念品等については，総付規制の適用外です（同2項）（後掲公的基準等⑥および⑦）。

§2　公正競争・景品表示等の分野

③　まとめ

以上で述べてきた規制をまとめると，下表のとおりです。

物品等の提供方法	取引の価格	景品類最高限度額	景品類の総限度額
一般懸賞	5,000円未満	取引価額の20倍	売上予定総額の2％
	5,000円以上	10万円	
共同懸賞	－	30万円	売上予定総額の3％
総付景品	1,000円未満	200円	上限なし
	1,000円以上	取引価額の20％	

　景品類の提供を広告表示する際には，以上の内容や規制を踏まえたものにする必要があります。業界によっては，景品についても「公正競争規約」を定めている例（例えば，全国チョコレート業公正取引協議会「チョコレート業における景品類の提供の制限に関する公正競争規約」）がありますので，これにも目配りが必要です。

> **参照すべき公的基準等**

① 「不当景品類及び不当表示防止法第2条の規定により景品類及び表示を指定する件」（昭和37年公正取引委員会告示第3号）（本文においては「**定義告示**」）
② 「景品類等の指定の告示の運用基準について」（本文においては「**定義告示運用基準**」）
③ 「懸賞による景品類の提供に関する事項の制限」（昭和52年公正取引委員会告示第3号）（本文においては「**懸賞制限告示**」）
④ 「『懸賞による景品類の提供に関する事項の制限』の運用基準」（平成24年6月28日消費者庁長官通達第1号）（本文においては「**懸賞制限告示運用基準**」）
⑤ 消費者庁「オンラインゲームの『コンプガチャ』と景品表示法の景品規制について」（平成24年5月18日）
⑥ 「一般消費者に対する景品類の提供に関する事項の制限」（昭和52年公正取引委員会告示第5号）（本文においては「**総付制限告示**」）
⑦ 「『一般消費者に対する景品類の提供に関する事項の制限』の運用基準について」（昭和52年4月1日事務局長通達第6号）（本文においては「**総付制限告示運用基準**」）
⑧ 消費者庁「よくわかる景品表示法と公正競争規約」

133

第Ⅱ部　広告表示の法的規制　Q&A

お勧め参考文献

- ■ 大元慎二編著『景品表示法（第5版)』（前掲）169〜213頁
- ■ 古川昌平『エッセンス景品表示法』（商事法務・2018年）136〜191頁
- ■ 加藤公司ほか編『景品表示法の法律相談（改訂版)』（前掲）74〜83頁，94〜101頁
- ■ 電通法務マネジメント局編『広告法』（前掲）205〜227頁

(YK)

§2 公正競争・景品表示等の分野

Q36 価格表示の間違い―民法（錯誤），電子消費者契約法

インターネット上のショッピングサイトに，100,000円のパソコンの価格を10,000円と誤って掲載表示してしまいました。この場合，店舗（出品者）は，その価格で売らなければならないのでしょうか。

ポイント 価格誤表示のリスク負担は自己責任が原則

A 価格誤表示の場合には，契約が成立しているか否かで，結論が異なります。すなわち，契約が成立していなければ，店舗（出品者）は，誤表示の価格（10,000円）で当該商品を販売する義務はありません。

他方，契約が成立した後であって，出品者側に「重大な過失」がある場合（購入者側に，その立証の責任があります。通説），出品者は，原則として，その誤表示価格で，当該商品を販売する義務を負わなければなりません。

[検討]

ショッピングサイトで商品およびその価格を表示する行為が，契約の「**申込み**」に当たるか，それとも「**申込みの誘引**」に当たるかについて，後掲参考判例①は，サイト上に商品とその価格を表示する行為は，「現実の店頭で販売する場合に商品を陳列することと同様の行為であると解するのが相当であるから，**申込みの誘引に当たる**というべきである」と判示し，申込みに対する「**承諾**」は存在していないとして，**誤表示価格による契約の成立**は認めていません。ネット販売では，顧客が申込みをすると，まず，「**確認のためのメール**」が市場運営者（例えば，アマゾンや楽天）のサーバーから自動的に送信されるのが一般的です。このため，そのメールが，「**受信の確認**」であるか，それとも契約の申込みに対する「**承諾**」に当たるかどうかが争点になります。後掲参考判例①でも，この点が争点になっています。このような背景もあり，経済産業省は，「電子商取引及び情報材取引等に関する準則」（後掲公的基準等）を制定し，その中で，サーバーから自動的に発信されるメールに，「本メールは，受信確認

135

メールであり，承諾通知ではありません。在庫等を確認の上，受注が可能な場合には，改めて正式な受託通知をお送りします」というように記載するよう注意を喚起し，間接的に，このような注記を奨励しています（同準則1－1－1－2－(1)）。なお，店舗側が誤表示価格での契約の成立を認めるメールを送信した場合には，誤表示価格で契約が成立したことになります（後掲参考判例②）。

次に，**契約が成立した場合**，店舗側が，価額の誤表示について，錯誤による無効（民法95条）を主張できるか，ということが問題になりますが，原則は次のようになっています。

店舗(出品者) ＼ 購入者	善意・無過失の場合	過失がある場合	悪意または重大な過失がある場合
重大な過失がある場合	主張できない	同　左	同　左
上記以外の場合	主張できる	同　左	同　左

(注)　上記にかかわらず，購入者が，誤表示の価格であることを認めた場合，契約は当然に無効になります。

重大な過失とは，一寸注意すればわかるのに，普通になすべき注意を著しく欠いて，間違える（入力ミスをする）ことなどを指します。この点に関連して，上記の準則（1－2－2－2－(1)－②）は，「電子商取引において価格誤表示を回避するためには，価格システムに入力する際に慎重に行えば足りるわけであり，価格誤表示をした売主に重大な過失がなかったと認められる場合は**限定的であろう**」としています。したがって，本問の場合，店舗側（出品者）としては，ほとんどの場合，10,000円という誤表示価格で販売せざるを得ない事態を**覚悟**して対処する必要があります。

なお，参考までに，改正民法（2020年4月1日施行）は，錯誤による意思表示の取扱いを，次のように改めています。

①　「無効（当然に初めから効果が生じない）」から「取消し（取り消されない限り有効である）」に変更する。

②　購入者に悪意または重大な過失がある場合には，仮に出品者に重大な過

§2 公正競争・景品表示等の分野

　失があっても，出品者は，錯誤による意思表示を取り消すことができる。

　これにより，購入者の不安定な立場の是正（緩和）について一定の配慮をする一方，店舗（出品者）の保護にも配慮するなど，そこには，両者の保護についてバランスを図ろうとする姿勢が見て取れます。

　この例とは逆に，電子消費者取引において，パソコンなどで契約の申込みをした消費者の側に操作ミスがあった場合（例えば，数量を1個と入力すべきところ，誤って11個と入力したような場合），消費者の入力ミスは救済されるか，という疑問が生じます。これについては，平成13年12月25日から施行された電子消費者契約法により，事業者（店舗）側は，消費者から電子契約の申込みを受けた場合，申込みを受諾する前段階で，消費者が申込内容を再確認（チェック）できる仕組み（画面）を設けて対応しないと，消費者から錯誤（操作ミスなど）を理由に意思表示の無効を主張された場合，これに対抗できないことになりました（同法3条）。

▎参照すべき公的基準等

- 経済産業省「電子商取引及び情報材取引等に関する準則」（平成14年3月14日制定，最終改正平成29年6月5日）

▎参考判例

① 東京地判平成17・9・2（控訴審）「インターネットを利用したパソコン取引の価格誤表示にかかる損害賠償請求事件」（判例時報1922号105頁）（一審：東京簡易裁平成30年9月21日）

② 東京地裁平成23・12・1「インターネットによるパック旅行販売価格の誤表示に基づく損害賠償請求事件」（判例時報2146号69頁）

▎お勧め参考文献

- 松坂佐一『民法提要総則（第三版・増訂）』（有斐閣・1982年）294〜302頁
- 電通法務マネジメント局編『広告法』（前掲）357〜358頁

(TY)

第Ⅱ部　広告表示の法的規制　Q&A

Q37　求人広告
―男女雇用機会均等法，雇用対策法，労働基準法

男子社員の退職に伴う求人広告に，「男子に限る」と記載することはできますか。

ポイント　性差別禁止以外の規制にも注意

A　男女雇用機会均等法5条は，募集・採用時の性差別を禁じているため，後述する例外的な場合を除き本問のような記載はできません。

同様に，「男性歓迎」，「営業マン募集」といったいずれかの性別であることを前提とした文言で募集することや，募集要項を男子校または女子校のみで配布することも禁じられています。また，業務上の必要性なく労働者の身長・体重・体力等（例えば，身長180cm以上）を要件としたり，転居を伴う転勤を含む人事ローテーションを行うことが特に必要と認められない場合に，転居を伴う転勤に応じることを要件とすることも，間接差別（同法7条）に当たるとして禁止されています。これらの違反について，厚生労働大臣（委任を受けた都道府県労働局長をいいます。以下同じ）から勧告を受けたにもかかわらず事業者がこれに従わないときは，事業所名等の公表（同法30条）の対象となり，厚生労働大臣に報告を求められたにもかかわらず従わない場合や虚偽の報告をした場合には，20万円以下の過料に処せられます（同法33条）。

［検討］

男女雇用機会均等法5条を受けた，厚生労働省の指針においては，①募集・採用にあたって，その対象から男女のいずれかを排除すること，②募集・採用にあたっての条件を男女で異なるものとすること，③採用選考において，能力および資質の有無等を判断する場合に，その方法や基準について男女で異なる取扱いをすること，④募集・採用にあたって男女のいずれかを優先すること，⑤求人の内容の説明等募集または採用に係る情報の提供について，男女で異な

る取扱いをすることが同条の違反行為として掲げられています。

　なお，男女の均等な機会および待遇の確保の支障になっている事情を改善することを目的として，女性労働者を有利に取り扱う，いわゆるポジティブ・アクションの場合（同法8条）のほか，次の状況に該当する場合は，同法5条に違反するものではないと例示されています。

① 芸術・芸能の分野における表現の真実性等の要請から男女のいずれかのみに従事させることが必要である職務の場合

② 守衛，警備員等のうち，防犯上の要請から男性に従事させることが必要な職務の場合

③ 上記①および②以外であって，業務の性質上，男女いずれかのみに従事させる必要性が認められる職務の場合

④ 深夜業（労働基準法61条1項），坑内業務の制限（同法64条の2），危険有害業務の就業制限（同法64条の3第2項）等により，労働者の性別にかかわりなく均等な機会を与えることが困難と認められる場合

⑤ その他，特別な事情（風俗，風習などを含む）により，労働者の性別にかかわりなく均等な機会を与え，または均等な取扱いをすることが困難と認められる場合

　性差別に関する禁止のほか，募集広告においては，【30歳未満に限る】というように，**年齢制限を設けることも禁止**されています（雇用対策法10条）。ただし，この場合にも，例えば定年年齢を上限にして，当該上限未満の労働者を「期間の定めのない労働契約」の対象として募集・採用する場合や，60歳以上の高年齢者の雇用を促進する国の施策の対象となる者に限定して募集・採用する場合においては，年齢制限が認められています。

　求人広告に関する自主的基準としては，公益社団法人全国求人協会による「求人広告掲載基準」（後掲自主的基準等）があり，①事前確認項目，②留意表示項目，③募集条件表示基準の3項目が設けられています。①事前確認項目においては，求人企業の募集条件を事前に十分確認し，その内容が正確である旨の確認を取ってから掲載すること，内容が社会倫理に反するものや均等な雇用

第Ⅱ部　広告表示の法的規制　Q&A

機会を損なうものについては掲載を差し控えることなどが定められています。②留意表示項目においては，労働条件および自社の経営実績等の企業情報について，事実に基づかない誇大・虚偽の説明・表示を禁止する旨が定められています。③募集条件表示基準においては，掲載明示項目（労働条件に関する事項などの必須項目）と掲載明示推進項目（企業規模や福利厚生に関する事項などの努力項目）が列挙されています。

　以上のように，求人広告については様々な制限規定や例外が幅広く設けられています。したがって，募集広告の掲載においては，必要に応じて，社会保険労務士などの専門家から事前にアドバイスを受けるなど，必要な手順を踏むことをお勧めします。

参照すべき公的基準等
- 「労働者に対する性別を理由とする差別の禁止等に関する規定に定める事項に関し，事業主が適切に対処するための指針」（平成18年労働厚生省告示第614号）

参照すべき自主的基準等
- 公益社団法人全国求人協会「求人広告掲載基準」（平成30年6月8日施行）

参考文献
- 厚生労働省「男女雇用機会均等法のあらまし」（平成30年5月，全98頁）

(HY)

§3 知的財産権の保護

Q38 肖像権—民法（判例の集積）

広告に使用する予定の映像に通行人が映っているのですが，そのまま使用してよいでしょうか。

ポイント 肖像権侵害のリスクに留意

A 肖像権（自己の容ぼう・姿態をみだりに撮影等作成され，これを公表されることを拒絶することができる人格的な利益または権利）が，法律上保護される利益として判例の集積により実質的に認められています。したがって，本人の承諾等なく顔や姿態（容ぼう等）が映った映像を使用した場合には，損害賠償請求（民法709条，710条），回復処分請求（同法723条類推適用），差止請求（参考判例①）が認められる可能性があります。

また，映像から本人を特定できる場合には，当該映像は「個人情報」（個人情報保護法2条1項）に該当します。映像を取り扱う者が「個人情報取扱事業者」（同法2条5項）である場合には，取得に際してその利用目的をできる限り特定し（同法15条1項），かつ，その目的を本人に通知または公表する必要があります（同法18条1項）

［検討］

1 肖像権の要保護性

肖像権について明文で定めた法律はありません。しかし，判例は，「肖像権」と呼ぶことについては留保しつつも，その要保護性を認めてきました。すなわち，京都府学連事件（後掲参考判例②）において最高裁は，「何人も，その承

諾なしに，みだりにその容ぼう，姿態等を撮影されない自由を有する」とし，憲法13条の趣旨に照らして，肖像に公法上の保護が及ぶことを認めました。さらに，最高裁は，法廷内イラスト画事件（後掲参考判例③）で「人は，みだりに自己の容ぼう等を撮影されないということについて法律上保護されるべき人格的利益を有する」，「人は，自己の容ぼう等を撮影された写真をみだりに公表されない人格的利益も有すると解するのが相当」と判示して，「肖像権」という用語こそ使用していませんが，人の肖像に私法上の保護が実質的に及ぶことを認めています。

なお，後掲参考判例④などの下級審裁判例においては，「肖像権」と呼ぶことを明らかにしているものもあります。

2　肖像権侵害の違法性判断基準

最高裁は，「ある者の容ぼう等をその承諾なく撮影することが不法行為法上違法となるかどうかは被撮影者の社会的地位，撮影された被撮影者の活動内容，撮影の場所，撮影の目的，撮影の態様，撮影の必要性等を総合考慮して，被撮影者の人格的利益の侵害が社会生活上受忍限度を超えるものといえるかどうかを判断して決すべきである」としています（後掲参考判例③）。

3　撮影する際の留意点

肖像権者の同意を得ることができれば，肖像権侵害は問題となりません。そのため，イベント会場などにおいては黙示の同意を得るため，チケットの裏面や会場アナウンスにて「撮影がある旨ご了承ください」とお知らせすることも多くなっています。

また，映っている人のサイズがあまりにも小さい場合や公表に際してモザイクを入れるなど本人と特定できないように映像や写真を加工している場合には，人格的利益の侵害が「社会生活上の受忍限度」を超えないものであると評価することができ，肖像権侵害に当たるといえる可能性は極めて低くなります。

なお，映像や写真を加工する場合には，著作者人格権（同一性保持権等）の

§3　知的財産権の保護

問題が生じますので，撮影者の許諾が必要になる点には留意を要します。

4　その他の留意点

広告映像の場合には，肖像権侵害が成立しない場合であっても，事実上のリスクとして「自分の顔が特定企業の広告宣伝に使われることには納得がいかない」などのクレームを受けるリスクがあります。したがって，リスク対策の見地からは，事前に同意を得ておくことに越したことはありません。

参考判例
① 東京地決平成21・8・13「肖像権に基づく出版物の事前差止め」（判例タイムズ1309号282頁）
② 最高裁（大法廷）判決　昭和44・12・24「京都府学連事件」（刑集23巻12号625頁）
③ 最高裁（第一小）判決　平成17・11・10「法廷内イラスト画事件」（民集59巻9号2428頁）
④ 東京地判平成12・10・27「元弁護士事件」（判例タイムズ1053号152頁）

お勧め参考文献
■ 志村潔『こんな時，どうする「広告の著作権」実用ハンドブック（第2版）』（前掲）26〜28頁，241〜242頁
■ 電通法務マネジメント局編『広告法』（前掲）96頁以下，249頁
■ 佃克彦『プライバシー権・肖像権の法律実務（第2版）』（弘文堂・2010年）240頁
■ 大家重夫『肖像権（改訂新版）』（太田出版・2011年）18〜26頁，99〜108頁，137〜139頁

(AI)

Q39 パブリシティ権―憲法，民法

> インターネットに掲載されていた著名な俳優の写真を商品広告に使用できますか。
>
> **ポイント** 無断で行えば，不法行為（パブリシティ権侵害）責任を問われるリスクあり

A 人物の写真やイラストに関して，被写体の人には肖像権が判例上認められていると考えられます。このことについては，Q38で述べたとおりです。著名人の肖像には，この肖像権に加え，人格権に由来する権利の一内容としてのパブリシティ権も判例上認められています（後掲参考判例①，②）。

　無断で著名人の肖像を使用した場合，肖像権・パブリシティ権を侵害するものとして，損害賠償請求または商品広告掲載等の差止請求を受けるおそれもあります。したがって，本問のような写真の使用にあたっては，写真の撮影者から写真の著作権の許諾を得るほかに，直接または所属事務所等を通じて，被写体となっている俳優本人の肖像権・パブリシティ権について許諾を得ることが必要です。

［検討］

　パブリシティ権は，法律に定義を有するものではなく，判例や学説の積み上げによって認められた権利です。最初に「パブリシティ権」という用語が使われたのは，光GENJI事件（後掲参考判例①）です。また，最初にパブリシティ権に基づく差止請求を認めたのは，ピンク・レディー振付事件（後掲参考判例②）です。

　特に俳優やアスリート等の著名人の氏名や肖像等（以下，あわせて「肖像等」といいます）は，商品の販売等を促進する「顧客吸引力」を有する場合があります。パブリシティ権は，この顧客吸引力を排他的に利用する権利であり，氏名や肖像等それ自体の商業的価値に基づくものであることから，財産権的性

§3 知的財産権の保護

質を有しているとも考えられますが，判例上は，肖像権と同様，人格権に由来する権利とされています（後掲参考判例②）。

最高裁判所（第一小法廷）は，後掲参考判例②において，肖像等を無断で使用する行為について，「**専ら肖像等の有する顧客吸引力の利用を目的とするといえる場合に，パブリシティ権を侵害するものとして，不法行為法上違法となる**」と判示しています（以下，この「専ら…目的とするといえる場合」という要件を「**パブリシティ権の侵害要件**」といいます）。そして，パブリシティ権の侵害要件の例として，以下の3つを挙げています。

(1) 「肖像等それ自体を独立して鑑賞の対象となる商品等として使用」する場合（例：ブロマイド，写真集等への利用）

(2) 「商品等の差別化を図る目的で肖像等を商品等に付」す場合（例：キーホルダーやマグカップなどへの利用）

(3) 「肖像等を商品等の広告として使用する」場合（例：テレビCM，チラシなど，商品の広告宣伝への利用）

以上の3つはあくまで例示であり，発生している行為がパブリシティ権の侵害要件に該当するか否かについては個別の事実をもとに判断されることになります。

本問のケースは，著名な俳優ということで顧客吸引力が認められ，上述の例(3)に該当する可能性が高いでしょう。したがって，本問のように写真を使用する場合は，写真撮影者から写真の著作権の許諾を得ることはもちろんのこと，直接または所属事務所等を通じて，被写体である俳優本人の肖像権・パブリシティ権について許諾を得ることも別途必要です。俳優本人に無断で商品等の広告に使用すれば，パブリシティ権を侵害するものとして，写真の被写体である著名俳優から不法行為（パブリシティ権侵害）に基づく広告掲載の差止請求や損害賠償請求（民法709条）を受けるおそれがあります。

なお，パブリシティ権は，判例で認められてまだ間もない権利であり，この権利には，以下に述べるとおり多くの論点が残されています。

まず，後掲参考判例②でも肖像「等」とややあいまいな表現が用いられてい

第Ⅱ部　広告表示の法的規制　Q&A

ることからも，氏名・肖像だけに限定されるものではなく，顔や氏名が明らかでなくても，声，シルエット，スタイルなど全体の雰囲気から特定の著名人であることが明らかな場合にも認められると考えられます。

　また，著名人の「そっくりさん」は，ベースとなったタレント等の著名人本人が有する顧客吸引力の上に成り立っていることは疑いありません。したがって，専ら，ベースとなった著名人本人の有する顧客吸引力の利用を目的として「そっくりさん」を使用する場合にも，著名人本人のパブリシティ権を侵害したとされる可能性があると思われます。安全のために，本人の許諾を得ておくことが望ましいでしょう。

　さらに，後掲参考判例②は，パブリシティ権の主体を「肖像等に顧客吸引力を有する者」と広く定義しており，場合によっては，著名人でない人にも，パブリシティ権が認められる可能性があると思われます。

参考判例

① 　東京地判平成 1 ・ 9 ・27「光GENJI事件」（判例時報1326号137頁）
② 　最判平成24・ 2 ・ 2 「ピンク・レディー振付事件」（民集66巻 2 号89頁）

お勧め参考文献

- 内藤篤・田代貞之『パブリシティ権概説（第 3 版)』（木鐸社・2014年）
- 大家重夫『肖像権（改訂新版)』（前掲）186〜216頁，244〜245頁
- 電通法務マネジメント局編『広告法』（前掲）100〜112頁
- 志村潔『こんな時，どうする「広告の著作権」実用ハンドブック（第 2 版)』（前掲）27頁，243頁，283頁
- 高林龍『標準・著作権法（第 3 版)』（有斐閣・2016年）296〜304頁
- TMI総合法律事務所編『著作権の法律相談Ⅱ』（青林書院・2016年）488〜495頁

(YK)

§3　知的財産権の保護

Q40　物のパブリシティ権

G1レースにも出走したことがある有名な競争馬の名称を，その競争馬の所有者の承諾なしに使用してゲームソフトを製作・販売し，広告や宣伝用のポスターに利用することは問題ありませんか。

ポイント　顧客吸引力が絡む取引のリスクには適切な対応が必要

A　これは，「**物のパブリシティ権**」に関連する問題です。これまでの判決では，これを認めるもの（後掲参考判例①）と認めないもの（後掲参考判例②）が併存していました。

しかし，平成16年2月13日，最高裁判所（第二小法廷）は，後掲参考判例①の上告審である「ギャロップレーサー事件」において，「競走馬の名称等が顧客吸引力を有するとしても，**物の無体性としての面の利用の一態様**である競走馬の名称等の使用につき，法令等の根拠もなく競走馬の所有者に対し排他的な使用権等を認めることは相当ではない」と判示し，「ギャロップレーサー」という名称のゲームソフトを製造・販売した会社（被告）に対する差止請求と損害賠償請求を退けました（後掲参考判例③）。したがって，法的には，有名な**競走馬の所有者の承諾なしに**，その馬の名称を自己の商品に使用できることになります。

[検討]

後掲参考判例①は，競走馬の名称（ギャロップレーサー）に関する控訴審判決ですが，裁判所は，物の名称等であっても，著名人と同様に，顧客誘引力を有し，経済的利益または価値を有する場合があるので，その物の所有者に帰属する財産的な権利または利益として保護すべきであり，**所有権に付随する性質を有すると判示し**，不法行為に基づく損害賠償請求を認容しました（差止請求は認めていません）。なお，競走馬以外の事案においても，「所有権に基づき，物にもパブリシティ権が認められる」，「物の無体的な使用も，所有権によって

147

基礎付けられる」という見解（**所有権理論**）が有力でした（後掲参考判例④）。

一方，後掲参考判例②は，同じく競走馬の名称（ダービースタリオン）に関する判決であり，後掲参考判例①から約1年後に下されたものですが，所有権の排他性を顧客吸引力などの物の経済的価値にまで拡張的に及ぼすには，**実定法の根拠**（人格権などを含みます）が必要であると判示し，「実定法の定めなく，物の所有者が，物の顧客吸引力などの経済的利益を排他的に支配できる財産的権利を享受できる」とする**原告側の主張**を「**失当**」として退けています。なお，競走馬以外の事案においても，「所有権は，有体物としての物それ自体を排他的に支配できる権能にとどまる」と判示した判決があります（後掲参考判例⑤）。

これら結論の異なる競走馬の名称にかかる2つの控訴審レベルの事案は，ともに上告されました。最高裁判所（第二小法廷）の判決（後掲参考判例③）は，後掲参考判例②と同趣旨の理由で，後掲参考判例①が認容した競走馬の名称の排他的な使用権（「物のパブリシティ権」）を認めませんでした。また，後掲参考判例②は，後掲参考判例③の判決日と同日付の上告棄却の決定により確定しています。

なお，その後の事案であるピンク・レディー振付事件（後掲参考判例⑥）において，最高裁判所（第一小法廷）は，パブリシティ権は，「人格権に由来する権利である」と明確に判示しています。競走馬等の「物」には人格権がありませんから，物のパブリシティ権が認められないのは，この点からも当然の帰結だと思われます。

以上のように，物のパブリシティ権は，**現時点では法的には認められておらず，物と自然人を同格に扱うことはできない**，という結論になります。

しかし，競走馬を含む著名な動物や著名な建物などを広告の素材に使用した場合（写り込んだような場合を含みます），それらの所有者が，**顧客吸引力など**を理由に，何らかの主張（訴訟外の請求）をしてくるおそれは十分に予想されます。したがって，リスク対応の観点からは，**その法的な性質にかかわらず，**

§3　知的財産権の保護

事前に，その所有者または管理者と協議し，その了承を得ておくに越したことはありません。

参考判例

① 名古屋高判平成13・3・8「ギャロップレーサー事件」（判例タイムズ1071号283頁）
② 東京高判平成14・2・13「ダービースタリオン事件」（判例時報1809号140頁）
③ 最高裁（第二小法廷）判平成16・2・13「ギャロップレーサー事件」（民集58巻2号311頁）
④ 東京高判昭和53・9・28「広告用気球事件」（東高民事報29巻9号206頁）
⑤ 東京地判平成14・7・3「かえでの木の著作物性事件」（判例時報1793号128頁）
⑥ 最高裁（第一小法廷）判平成24・2・2「ピンク・レディー振付事件」（民集66巻2号89頁）

お勧め参考文献

- 電通法務マネジメント局編『広告法』（前掲）106頁，112頁
- 大家重夫『肖像権（改訂新版）』（前掲）218〜238頁
- 豊田彰『パブリシティの権利Ⅱ』（日本評論社・2007年）142〜152頁
- 金井重彦『パブリシティ権』（経済産業調査会・2003年）57〜61頁
- TMI総合法律事務所編『著作権の法律相談Ⅱ』（青林書院・2016年）319〜327頁
- 高林龍「標準・著作権法（第3版）」（前掲）296〜304頁
- 志村潔『こんな時，どうする「広告の著作権」実用ハンドブック（第2版）』（前掲）27頁

(TY)

第Ⅱ部　広告表示の法的規制　Q&A

Q41　背景素材としての他社ブランド使用
―著作権法，不正競争防止法

広告映像の背景に著名な他社ブランド製品が写り込んでいる場合，この
ブランドの許諾なしにこの広告映像を使用してよいでしょうか。

ポイント　法律論のみならずクレーム対策にも注意

A　この問題は，著作権法，不正競争防止法および商標法の視点から，それ
ぞれ検討する必要があります。

　まず，著作権法の関係でいえば，たまたま広告映像の背景に有名他社ブラン
ド製品（著作物）が写り込んだにすぎず，かつ，その著作物が識別できない程
度に不鮮明あるいは解像度が低い場合には，著作権者の許諾なしに使用できま
す。また，著作権法30条の2は，写真撮影等による著作物の創作に際して，あ
る著作物が撮影対象と分離困難であるがために付随的に写真撮影等の対象とな
ることによる複製等を，一定の要件の下で許容しています。写真の背景に写り
込んだ著作物が「複製」に該当するといえるか否かについて，雪月花事件判決
（後掲参考判例）では，一般人の通常の注意力を基準としつつ，著作物の創作
的表現内容を直接感得することができる程度に再現がされていることを要する
と判示しており，識別ができる程度の写込みが存在するだけではなく，より具
体的に当該著作物の創作的表現内容を直接感得し得るような場合にはじめて著
作権侵害となるといえることとなります。

　次に，不正競争防止法との関係でいえば，著名な他社ブランド製品（著名表
示）に依拠して，独自のイメージを構築する意図が客観的に見て取れる場合に
は，当該ブランドの顧客誘引力への「**ただ乗り（フリーライド）**」と解釈され，
不正競争防止法2条1項2号（著名表示冒用行為）に抵触するおそれがありま
す。本問の場合には，この点に特に留意する必要があると考えられます。

　さらに，商標法との関係でいえば，背景の画像に写り込んだからといって，
他社の商標（ブランド）を自社の商標として使用していることにはなりません。

§3　知的財産権の保護

また，これにより商品の出所識別機能が害され，自他商品の間に混同が生じるわけではありませんので，商標権の侵害には当たりません。

[検討]

　自動車の部品の製造業者が乗用車に使用する「飾り部品」を製造し，その販売促進用の広告映像の前面にその部品を配置し，その背景に著名なロールス・ロイスを配置したと仮定します。この場合の広告映像には，同じ分野に属する著名な他社ブランド製品が背景に用いられているだけに，その広告映像が，その部品の販売促進を図るため，ロールス・ロイスの名声にフリーライドしたと客観的に解釈され，不正競争防止法に抵触する可能性が高くなります。この例は本問の一具体例といえますので，万一このようなケースに該当する場合には十分な留意と対応が必要です。

　フリーライドは，著名な商品等の表示のもつ顧客誘引力を冒用し，これにより，著名表示とそれを本来使用してきた者との結び付きを薄めたり，著名表示のブランド・イメージを汚染するものと評価される場合に，不正競争防止法2条1項2号の対象となります。つまり，高い信用や評判をもつ著名表示の財産的価値の侵害自体が問題であり，消費者の誤認混同は要件ではなく，その状況のもとにおいて，他人の名声にフリーライドする意図があったかどうかが判断の1つのポイントとなります。具体的には，広告映像の素材の構成やその配置，その映像から受ける印象などの客観的な要素が重視されます。したがって，広告映像の素材の1つとして他社ブランド製品を含める場合には，ブランドが識別・特定できないような配置やアングルを選ぶなど，慎重に進めることが肝要です。

　また，ロールス・ロイスのように，特に著名なブランドを所有している者は，その価値を維持するため，ブランド管理を徹底的に行っていますので，本問のような紛らわしいケースについては，発見されれば，必ず厳しいクレーム（差止請求・損害賠償請求等の訴訟を含みます）に見舞われる可能性があるということを考えておく必要があります。したがって，場合によっては，事前に承諾

151

第Ⅱ部　広告表示の法的規制　Q&A

を得ておくことも選択肢の1つです。なお，ライバル会社の著名な商品を背景に配置し，それにあやかるかのごとき広告映像も，同様の結果を招くことになりますので，留意が必要です。

参照すべき公的基準等
- 経済産業省「電子商取引及び情報財取引等に関する準則」（平成30年7月）207〜213頁

参考判例
- 東京高裁平成14・2・18判決「雪月花事件」（判例時報1786号136頁）

お勧め参考文献
- 電通法務マネジメント局編『広告法』（前掲）60〜61頁，135頁
- 志村潔『こんな時，どうする「広告の著作権」実用ハンドブック（第2版）』（前掲）247頁
- 青山紘一『不正競争防止法（第6版）』（法学書院・2010年）51〜54頁

(HY)

§3 知的財産権の保護

Q42 屋外に設置された美術の著作物─著作権法

東京の渋谷駅前広場に設置されている忠犬ハチ公の像の写真を，忠犬ハチ公の像の著作権者の許諾なく広告に使用することはできますか。

ポイント 基本的に広告に使用できるが，写真撮影者の著作者人格権に留意

A 忠犬ハチ公の像は，「街路，公園その他一般公衆に開放されている屋外の場所」に「原作品が」，「恒常的に設置され」た「美術の著作物」（著作権法45条2項）です。その写真を広告に使用することは，同法46条1号から4号に該当しないと解釈できるため，著作権法の権利制限規定（同法46条）により，忠犬ハチ公の像の著作権者の許諾なく利用できると考えられます。

なお，他者が撮影した写真を広告に使用する場合は，写真の著作物の著作権者の許諾が必要となる点には注意が必要です。

[検討]

1 公開の美術の著作物に関する権利制限規定（著作権法46条）

著作権法46条は，同法45条2項に規定する屋外の場所に原作品が恒常的に設置されている美術の著作物，または建築の著作物について，いずれかの方法によるかを問わず利用することができるとしています。したがって，**営利目的であっても著作物を著作権者の許諾なく利用することができます**。

しかし，同法46条各号には著作権者の利益を不当に害するおそれがある行為類型が各号に**限定列挙**されており，これらに該当する場合には自由利用は認められません。例えば，同法46条4号は「専ら美術の著作物の複製物の販売を目的として複製」している場合について規定しています。「専ら」とは，それ以外の目的が一切ないという厳格な意味に解すべきではなく，他にも目的があるものの「美術の著作物の複製物の販売」が主たる目的である場合にも「専ら」といえるとされています。本号に該当する典型例として「写真複製絵画，絵葉

153

書，グリーティング・カード，カレンダー，ポスター，スライド写真という形で，屋外恒常設置の美術作品を写真に撮影して複製し，それを販売する」行為が挙げられます。

また，著作者には「著作者人格権（著作権法19条，20条）」が存在していることに留意する必要があります。忠犬ハチ公の像の写真の利用の仕方によっては，同一性保持権侵害などにより，差止請求や名誉回復などの措置を求められることがあり得ます。

なお，現在の忠犬ハチ公の像は，安藤 士氏によって1948年（昭和23年）に再建されたものであり，「商業的な利用は差し控えてほしい」との意向を示していたとのことです。2019年1月に安藤氏は亡くなられたとのことですが，著作者の死後であっても「遺族」は「著作者が存しているとしたならばその著作者人格権の侵害となるべき行為」（同法60条）をする者に対し，差止請求をすることができるため（同法116条，112条），広告への利用については，事前に，関係団体である「忠犬ハチ公銅像維持会（※渋谷区観光協会内にあります）」に問い合わせ，著作者の遺族の承諾を得ることが望ましいと思われます。

著作権の保護期間はすでに過ぎていますが，忠犬ハチ公の像に類するわかりやすい例として，ロダンの「考える人」の像の例が挙げられます。

京都国立博物館の前の広場の噴水のわきに設置されているロダンの「考える人」の像は，誰でも自由に出入りできる場所に設置されていますので，忠犬ハチ公の像に準じて考えることができます。

これに対して，国立西洋美術館の前庭にある別のロダンの「考える人」の像の場合は，状況が若干異なります。すなわち，それが設置されている場所（美術館の前庭）が，美術館の屋内と一体視すべき場所であり，美術館の前庭に入るためには入場料が必要であること等を考慮すると，「一般公衆に開放され」ている「屋外」には該当しないと考えられます。

2　屋外で写真を撮影する場合の留意点

他人が所有または管理している土地で撮影する場合には，所有権者や管理権

§3　知的財産権の保護

者から撮影許可を得る必要があります。なぜならば，無断で他人が所有している土地で撮影した場合には所有権（民法206条）侵害となり，また，無断で他人が管理している土地に立ち入った場合には住居等侵入罪（刑法130条）に問われる可能性があるからです。

　また，交通の妨げになるような道路での撮影については所轄の警察署（道路交通法77条1項4号），海岸での撮影については海岸管理者（海岸法7条），河川敷での撮影には河川管理者（河川法24条）の許可が必要です。さらに，公園での撮影についても，都市公園法21条1項，自然公園法21条3項や地方公共団体の都市公園条例などそれぞれの法令が設けている規制に従う必要があります。

■ **お勧め参考文献**

- 電通法務マネジメント局編『広告法』（前掲）240〜245頁
- 志村潔『こんな時，どうする「広告の著作権」実用ハンドブック（第2版）』（前掲）123〜124頁
- 日本広告審査機構『150の声をもとに解説した広告規制の基礎　広告法務Q＆A』（宣伝会議・2014年）136頁
- 半田正夫ほか編『著作権法コンメンタール（第2版）』（勁草書房・2015年）444〜475頁
- 作花文雄『詳解著作権法（第5版）』（ぎょうせい・2018年）372頁
- 加戸守行『著作権法逐条講義（六訂新版）』（著作権情報センター・2013年）345頁，348頁

(AI)

第Ⅱ部　広告表示の法的規制　Q&A

Q43　著名な建築物—不正競争防止法，著作権法

> マンションの広告に利用した写真に著名な建築物が写っており，当該建築物の所有企業から，無断利用だとクレームを受けました。許諾を得ないと，この写真は利用できないのでしょうか。
>
> **ポイント**　フリーライドに当たるとして，損害賠償や差止めを求められるリスクあり

A　本問は，2つの視点から検討する必要があります。

まず，著名な建築物は，その著名性から**不正競争防止法**上保護を受ける可能性がありますので，所有企業から許諾を得る必要があります。

また，造形芸術としての美術性を有する建築物は，**著作権法**上，「建築の著作物」（10条1項5号）として保護されます。したがって，美術性を備えた建築物の写真を利用する場合，原則として，当該建築物の著作権者（所有企業が著作権者とは限りませんので注意が必要です）から許諾を得る必要があります。

ただし，著作権法では，建築の著作物について，一部の例外を除き，許諾を得ずに利用することができるとされています（46条）。本問では，マンションの広告に使用した写真がこの規定の要件を満たせば，仮に建築物に著作物性が認められても，建築物の著作権者から許諾を得ずとも，著作権法上は写真を利用することができます。

[検討]

1　不正競争防止法

著名な建築物を広告のメインビジュアルとして使うとなると，名声・顧客吸引力のある「**他人の著名な商品等表示**」に便乗（いわゆる「**フリーライド**」）してマンションの販売促進を図ることに主たる目的があるとされ，不正競争防止法2条1項2号に抵触するおそれがあります。

156

§3 知的財産権の保護

したがって，本問において，著名な建築物をメインビジュアルとして利用したい場合は，当該建築物により名声・顧客吸引力を得ている人や企業（例えば，建築物の所有者や，当該建築物を普段PRに利用している企業等）から許諾を得るべく問い合わせて，必要に応じて契約を締結すべきでしょう。

2 著作権法

著作権法では，「建築の著作物」が著作物の例示として挙げられており（10条1項5号），保護の対象とされています。ただし，あらゆる建築物が「建築の著作物」に該当するわけではありません。後掲参考判例では，「造形芸術としての美術性を有する」建築物にのみ，著作物性が認められるとされています。一般的でありふれた建築物ではなく，特徴的なデザインの建築物については，これに該当すると考えたほうがよいでしょう。

もっとも，著作権法では，「建築の著作物」について，一部の例外を除き，いずれの方法によるかを問わず，許諾を得ずに利用することができるとされています（46条）。

一部の例外については，①「彫刻を増製し，又はその増製物の譲渡により公衆に提供する場合」，②「建築の著作物を建築により複製し，又はその複製物の譲渡により公衆に提供する場合」，③街路，公園その他一般公衆に開放されている屋外の場所又は建造物の外壁その他一般公衆の見やすい「屋外の場所に恒常的に設置するために複製する場合」，④「専ら美術の著作物の複製物の販売を目的として複製し，又はその複製物を販売する場合」，と定められています（同条但書各号）。

本問の場合，①②③には該当しません。④についても，仮に当該建築物が美術の著作物に該当するとしても，広告自体を販売することは想定されないと考えられるため，該当しません。

また，本問では，上述のように46条が適用されると考えられるため，検討の必要はありませんが，著作権法には，建築の著作物に限らず，著作物が写真に写り込んだ場合について，例外的に著作権を制限する規定もあります（30条の

第Ⅱ部　広告表示の法的規制　Q&A

2第1項）ので，必要に応じて参照してください。

　なお，本問において利用する写真が他人によって撮影されたものである場合，当該写真の著作物（10条8号）の著作者である**撮影者から，その利用について許諾を得る必要**があります。

3　その他留意点

　建築物を自分で撮影する場合，撮影場所によっては，その所有者または管理者からルール違反を主張される場合が考えられます。例えば，他人の敷地内で撮影する場合には，その**敷地の所有者または管理者が定めた**「敷地内撮影禁止」等のルールに従う必要があります。

参考判例
- 大阪地判平成15・10・30「グルニエ・ダイン事件」（判例時報1861号110頁）（控訴審：大阪高判平成16・9・29。原告の請求を棄却した原審を支持し，高級注文住宅の著作物性を否定）

お勧め参考文献
- 愛知靖之ほか『LEGAL QUEST 知的財産法』（有斐閣・2018年）421〜425頁
- 高林龍『標準・著作権法（第3版）』（前掲）54〜58頁
- 島並良・上野達弘・横山久芳『著作権法入門（第2版）』（有斐閣・2016年）49〜52頁
- 稲穂健市『楽しく学べる「知財」入門』（講談社現代新書・2017年）275〜282頁

（YK）

§3 知的財産権の保護

Q44 新聞や雑誌の記事の利用—著作権法

弊社の製品を紹介している新聞や雑誌の記事の一部を広告に利用したいと考えていますが，事前に許諾を得る必要はありますか。

ポイント 無断利用はリスクが大きいので避けること

A 新聞や雑誌の記事には執筆者の表現上の工夫が見られますので，その大部分は「言語の著作物」（著作権法10条1項1号）に該当すると思われます。したがって，利用に際しては，記事の著作権者である新聞社や雑誌社の**許諾が必要**です。また，**執筆者の記名がある寄稿文**については，寄稿した本人に著作権がある場合が多いと想定されますので，直接または当該新聞社や雑誌社を通じて，**当該本人の許諾を得る必要**があります。

[検討]

新聞や雑誌の素材である個々の記事は，多くの場合，「職務著作」であって，その著作者は，記事を書いた記者ではなく，記者が所属する新聞社や雑誌社だとされ（同法15条1項），著作権（著作者人格権を含みます）も，新聞社や雑誌社に原始的に帰属することになります（同法17条～20条）。

以上により，新聞や雑誌の記事を広告に利用する場合には，当然のことながら，著作権者である新聞社や雑誌社の許諾（有償・無償）が必要となります。

一方，著作権法（32条1項）が定めている「引用」の形式を踏むならば許諾は不要ではないか，という考え方があるかもしれません。しかし，販売促進という目的で行われることの多い広告において，「引用」に必要な要件（例えば，その利用は，報道，批評，研究その他の正当な目的の正当な範囲に限られます）を満たすことは事実上不可能ですので，一般的には「引用」を除外して考えるほうがよいでしょう。また，新聞社や雑誌社などの団体が著作権者となる著作物は，「公表後50年を経過するまで存続する」（同法53条1項）と定められていますので，記事の著作権が保護期間を経過していると判断することも事実

159

第Ⅱ部　広告表示の法的規制　Q&A

上無意味です。

　なお，新聞記事の中には，いわゆる「囲み記事」のように，学識者や著名人の名前による寄稿文などが掲載されている場合があります。例えば，日本経済新聞の最終ページ（裏面）に掲載されている寄稿文などが，これに該当します。これについては，ほとんどの場合，職務著作には該当せず，寄稿者本人が記事についての著作権を有していると思われます。したがって，そのような記事を広告に利用する場合には，寄稿者本人の許諾も必要になります。

　なお，新聞や雑誌自体も，一般に「**編集著作物**」として著作権が認められています（同法12条）。したがって，例えば，新聞社の許諾を得ずに，一般に向けてファックス・サービスを行えば，新聞社の著作権（公衆送信権，同法23条）を侵害することになります。

　なお，**記事の見出し**については，著作物性が争われた裁判例もあります（後掲参考判例）。この事案では，「事実をごく普通の表現で記載したものである」などの理由で，記事の見出しの著作物性そのものは否定されましたが，それ自体は法的保護の対象になると判断され，その無断使用について**不法行為の成立**が認められ，損害賠償が命じられています。

参考判例

- 知財高判平成17・10・6「ヨミウリ・オンライン記事事件」（LEX/DB28102000）（原審：東京地判平成16・3・24（判例時報1857号108頁））

お勧め参考文献

- 志村潔『こんな時，どうする「広告の著作権」実用ハンドブック（第2版）』（前掲）134〜135頁，229〜230頁
- 電通法務マネジメント局編『広告法』（前掲）48頁
- TMI総合法律事務所編『著作権の法律相談Ⅰ』（青林書院・2016年）61頁
- 高林龍『標準・著作権法（第3版）』（前掲）35頁

(TY)

§3 知的財産権の保護

Q45　オリンピックの呼称—不正競争防止法

広告表示として，「オリンピック」などの周知または著名な呼称を使用することは可能でしょうか。

ポイント 便乗商法は厳しく処分されるおそれあり

A 結論として，スポンサーシップ契約を交わしたスポンサー以外の者は，これら著名な呼称を使用できません。法的根拠の中核となるものは，著作権法ではなく，不正競争防止法です。

［検討］

「オリンピック」，「五輪」そのものは，商標登録されていますので，許諾なく使用することはできません。しかし，「オリンピックがやってくる」，「目指せ金メダル‼」といったフレーズは，「思想又は感情を創作的に表現したもの」に当たらず，著作物ではないとして著作権法上の問題にはなりません。また，フレーズ自体が商標登録されていなければ，商標法上の問題と捉えることも難しいと考えられます。

しかし，これらのフレーズが自由に使用されて周知のものとなり，実際に顧客吸引力を生じ，あたかもオリンピック主催者の商品や役務であるかのような，あるいはオリンピックの主催者と関係のある団体が扱っている商品または役務であるかのような「混同」を招く事態に至れば，不正競争防止法2条1項1号（いわゆる「ただ乗り」，「フリーライド」）に当たるおそれが生じます。さらに，周知のレベルを超えて「著名」のレベルに達している場合には，同法2条2項2号にも抵触するおそれが生じます。

以上を踏まえると，ただ乗りに至らない限られた範囲であれば，JOCなどの組織委員会や関連組織，各都市，報道機関およびこれらの組織と正式にスポンサー契約を交わした公式スポンサー等でなくても，オリンピック競技会に関連する，またはそれを想起させる広告活動をすることが一切許されないとまでは

第Ⅱ部　広告表示の法的規制　Q&A

いえないようにも思われます。

　しかしながら，オリンピックのような大きなイベントが自国で行われることになると，これに便乗する動きが生じることは容易に予想されるところです。2020年に向け，公式スポンサーは，「公益財団法人　東京オリンピック・パラリンピック競技大会組織委員会」に多額の費用を支払って，権利の使用権を購入していますので，彼らの利益を保護し，便乗商法等には厳しい態度をとる必要があります。したがって，オリンピックの関連組織では，「オリンピック」の呼称やこれらを連想させる内容を利用した広告について，「**アンブッシュマーケティング**」に該当しないか否か，一段と監視の目を光らせ，必然的に公式スポンサーの利益を守る動きを強めることになります。「アンブッシュマーケティング」とは，権利を有しない団体や個人が，権利所有者の許可を得ずにその権利を顧客誘引のために利用する，いわゆる「**便乗商法**」，「**便乗広告**」のことです。便乗商法等に利用される客体には，イベントの呼称，ロゴマーク，マスコットキャラクター，公式スポンサーであるかのような呼称等が挙げられます。

　さらに，オリンピックの関係組織や公式スポンサーは，その権益を守るため，登録商標などの知的財産を直接使用していない場合でも，オリンピックを想起させる文言やイメージ広告が出稿されたタイミングなどから便乗広告であるかどうかを総合的に判断するとの立場を，マスコミなどを通じて表明していますので，少しでも疑わしいと，不正競争防止法上のフリーライドを根拠に，広告の差止めや損害賠償を請求される可能性も十分考えられます。具体例については，「大会ブランド保護基準」（後掲自主的基準等）を参照してください。

　また，2020年の東京オリンピックの場合，外国（例えばロンドンオリンピック）の場合と同様に，大会期間中およびその前後の一定期間について，アンブッシュマーケティングを規制する時限立法が設けられる可能性も十分予想されますので，その動向にも留意する必要があります。

§3　知的財産権の保護

参照すべき自主的基準等

■ 東京2020公式ホームページ「知的財産権の保護」，「大会ブランド保護基準」

お勧め参考文献

■ 志村潔『こんな時，どうする「広告の著作権」実用ハンドブック（第2版）』（前掲）135〜136頁，237頁
■ 電通法務マネジメント局編『広告法』（前掲）320〜328頁
■ 中村仁・土生真之稿「スポーツ・イベントの商標保護」（雑誌パテント，Vol.67 No.5, 2014年）
■ 青木博通「オリンピックと商標」（雑誌パテント，Vol.71 No.1, 2018年）
■ 足立勝『アンブッシュマーケティング規制法』（創耕舎・2016年）2〜3頁

(HY)

第Ⅱ部　広告表示の法的規制　Q&A

Q46　キャッチコピー，ボディコピー，ロゴタイプ
　　　─著作権法，商標法，不正競争防止法

> 文字広告の素材である①キャッチコピー（キャッチフレーズ），②ボディ
> コピー，および③ロゴタイプは，法的にどのように扱われますか。
>
> **ポイント**　著作権法，商標法，不正競争防止法による保護を受ける可能性あり

A

1　キャッチコピー，ボディコピー，ロゴタイプの定義

　宣伝広告の場合，文字部分は，通常，見出しに相当する「キャッチコピー」
（キャッチフレーズと同義の和製英語）と広告本文に相当する「ボディコピー」
で構成されます。

　「ロゴタイプ」は，企業名や商品名，ブランド名などを表示する際に使用さ
れるデザインされた文字・文字列のことをいいます。なお，シンボルマークと
してそれ自体が機能しているロゴタイプまたはロゴタイプとシンボルマークが
一体化したものをロゴマークということがあります。

2　法的な取扱い

　作成者の「思想又は感情を創作的に表現したもの」であれば著作物として著
作権の保護の対象となります。また，不正競争防止法により保護される可能性
もあります。

　さらに，キャッチコピーやロゴタイプについては商標としての登録が認めら
れた場合には，商標権として保護されます。

164

§3 知的財産権の保護

[検討]

1 著作権法による保護

　キャッチコピーは，宣伝対象となる商品等が決まっており，また，多くの場合，極めて短い言葉（文字数）による表現となります。この場合，選択しうる表現の幅が狭く，個性が表れる余地が小さいため創作性が否定され，著作物性が認められない場合がほとんどです。

　「スピードラーニング事件（控訴審）」（後掲参考判例①）において，裁判所もキャッチコピーの上記のような特徴に触れつつ，「音楽を聞くように英語を聞き流すだけ　英語がどんどん好きになる」等の20文字程度のキャッチコピーについて**著作物性を否定**しました。

　もっとも，同様に非常に短い言葉で構成される交通標語（「ボク安心ママの膝よりチャイルドシート」）について，著作物性を認めた裁判例（「交通安全標語事件（控訴審）」（後掲参考判例②））があります。また，新聞見出しについて著作物性はないとした上で，営利目的で当該見出しを利用した行為は社会的に許される限度を超えているとして，著作権侵害とは別に，不法行為を認定した裁判例（「記事見出し複製事件（控訴審）」（後掲参考判例③））もあります。そのため，単に文字数が少ない＝何ら問題はない，と即断するのは危険です。

　他方，広告の本文であるボディコピーは，それなりの文字数で表現されることが多いため，作成者の思想または感情および創作性が表現される可能性が高く，言語の著作物に該当する可能性が高いと思われます。

　ロゴタイプは，通常の文字の使用に近い場合には創作性がなく著作物性が認められませんが，文字としての可読性を犠牲にしているような**絵画やイラストに近いもの**については，「美術の著作物」に該当する場合があります。

2 不正競争防止法による保護

　第三者のキャッチコピー，ボディコピー，ロゴタイプを模倣した場合，それが周知または著名な場合，不正競争防止法が禁止する混同惹起行為（他人の周

第Ⅱ部　広告表示の法的規制　Q&A

知な商品等表示と同一または類似の表示を使用し，他人の商品または営業と混同を生じさせる行為。同法2条1項1号）または著名表示冒用行為（他人の著名な商品等表示と同一または類似のものを自己の商品等表示として使用する行為。同法2条1項2号）に該当するおそれがあります。

3　商標法による保護

　第三者の商標権を侵害するリスクがないかという観点から，使用するキャッチコピーやロゴタイプについて類似商標を含め商標登録の有無を確認する必要があります。

　他方，新たにキャッチコピーやロゴタイプを作成する場合において，商標法による保護を受けるときには，**識別力**のないもの（例：りんご，車など普通名称のみで構成されるもの）については商標登録を受けることができないことに留意が必要です。

参考判例

① 　知財高判平成27・11・10「スピードラーニング事件」（裁判所HP。LEX/DB25447737）
② 　東京高判平成13・5・10「交通標語事件」（判例時報1752号141頁）
③ 　知財高判平成17・10・6「ネット記事見出し複製事件（読売オンライン事件)」（判例時報1857号108頁）

お勧め参考文献

■ 志村潔『こんな時，どうする「広告の著作権」実用ハンドブック（第2版）』（前掲）79〜88頁，142〜143頁
■ 岡田・梁瀬『広告法規（新訂第一版）』（前掲）239〜240頁
■ 牛田利治「商標権と関連する不正競争事件の留意点」（雑誌パテントVol.59 No.2, 2006年）29頁以下
■ 電通法務マネジメント局編『広告法』（前掲）74〜78頁，128〜131頁

（AI）

§3 知的財産権の保護

Q47 キャラクター —著作権法，商標法，不正競争防止法

他人が作成したキャラクターを広告に利用する場合，どのような点に注意する必要がありますか。

ポイント 著作権・商標権侵害，不正競争防止法違反等により，損害賠償や差止めを求められるリスクに留意

A 「キャラクター」にはさまざまな意味がありますが，イラスト等の手法で視覚的に表現されているものは，原則として「美術の著作物」（著作権法10条1項4号）として保護されていると考えたほうがよいでしょう。したがって，視覚的に表現されている他人のキャラクターを無断で広告に利用すれば，当該キャラクターの著作権者や著作者から，著作権・著作者人格権侵害を主張されるおそれがあります（後掲参考判例）。

また，特にオリジナル・キャラクター（［検討］2で定義）については，産業上または商業上の活用のため，キャラクターの形状やキャラクター名が商標登録されていたり，そのデザインが意匠登録されていたりする場合があります。さらに，当該キャラクターが特定の「商品又は営業を表示するもの」（不正競争防止法2条1号）として「広く認識されてい」（同）たり，「著名」（同2号）だったりする場合，不正競争防止法上も保護されます。

したがって，イラスト等の手法で視覚的に表現されているキャラクターを広告に利用する場合，以上の権利・利益を侵害しないよう，適切に権利者と協議し，必要に応じて契約を結ぶことが重要です。

［検討］

ここでは，キャラクターの概念を以下の2つに大別して検討します。

1 アイデアとしてのキャラクター

1つ目は，小説・演劇等のフィクション作品の描写のもととなる（あるいは

167

そこから想起される）登場人物の性格・属性等の抽象的概念，アイデアとしてのキャラクター（一般的に，このようなキャラクターを「**フィクショナル・キャラクター**」と呼ぶことがあるため，ここでも以下，そのように記載します）です。例えば，夏目漱石の小説『坊っちゃん』の主人公である，無鉄砲な中学校教師の「坊っちゃん」というキャラクターはこれに該当します。

　通常，フィクショナル・キャラクターの性格・属性等に関するアイデア自体は著作物ではありません（ただし，小説上の具体的描写そのものは，保護期間中は，別途「言語の著作物」として保護の対象となり得ます）。したがって，広告において，フィクショナル・キャラクターの性格・属性等のアイデアを使用すること（例えば，「坊っちゃん」という登場人物のイメージを自分なりに解釈して広告に登場させること）は，著作権法違反にはなりません。

2　視覚的に表現されるキャラクター

　2つ目は，イラストや図柄などによって視覚的に表現されているキャラクターです。この中には，①漫画・アニメ・ゲーム等における登場人物の視覚的表現（以下，一般的な呼称に照らし「**ファンシフル・キャラクター**」といいます。例えば，サザエさん，ドラえもん，マリオがこれに該当します）と，②商品・サービス・企業・自治体等の宣伝のために制作されたキャラクター（以下，一般的な呼称に照らし「**オリジナル・キャラクター**」といいます。例えば，ハローキティ，ぴちょんくん，くまモンがこれに該当します）があります。

　視覚的に表現されているキャラクターは，「思想又は感情を創作的に表現したもの」と認められれば，漫画等の作品の一部として，または独立した表現として，「美術の著作物」（著作権法10条1項4号）として保護されます（後掲参考判例）。したがって，これを無断でコピーすれば複製権（21条），無断でインターネットに掲載すれば自動公衆送信権（23条），無断で改変すれば翻案権（27条）の侵害を著作権者から主張されるおそれがあります。さらに，当該キャラクターを著作者が公表していなかったにもかかわらず公表すれば公表権（18条），著作者の氏名を著作者の意に反して表示したり，意に反して表示しな

§3 知的財産権の保護

かったりすれば氏名表示権（19条），著作者の意に反してトリミングや色彩の変更等の改変をすれば同一性保持権（20条）（これら18〜20条で保護される権利を「**著作者人格権**」といいます）の侵害を著作者から主張されるおそれがあります。

したがって，視覚的に表現されているキャラクターを利用する場合，以上の権利を侵害しないよう，適切にライセンス契約などを交わして権利者から許諾を得ることが必要です。その際，著作者人格権については，著作者との間で**不行使特約**を結んでおくことが重要です。

なお，オリジナル・キャラクターについては， A で述べたとおり，商標法，意匠法，不正競争防止法でもその権利・利益が保護される場合があります。したがって，広告にオリジナル・キャラクターを利用する場合には，利用に先立ち，権利者から適切に許諾を得る必要があります。

参考判例

■ 東京地判昭和51・5・26「サザエさん事件」（無体裁集8巻1号219頁）（判例時報1343号3頁）

お勧め参考文献

■ 高林龍『標準・著作権法（第3版）』（前掲）96頁〜102頁
■ 島並良・上野達弘・横山久芳『著作権法入門（第2版）』（前掲）21〜26頁
■ 愛知靖之ほか『LEGAL QUEST 知的財産法』（前掲）379〜381頁，411〜425頁
■ 結城哲彦『デジタルコンテンツの著作権Q&A』（中央経済社・2014年）180〜183頁
■ 志村潔『こんな時，どうする「広告の著作権」実用ハンドブック（第2版）』（前掲）74〜76頁
■ 川越憲治・疋田聡編著『広告とCSR』（生産性出版・2007年）208〜209頁
■ 電通法務マネジメント局編『広告法』（前掲）78〜79頁

(YK)

169

第Ⅱ部　広告表示の法的規制　Q&A

Q48　商品化権—著作権法，商標法

商品化権とはどのような権利をいうのでしょうか。また，キャラクターとは，どのような関係にありますか。

ポイント　第三者の模倣盗用への対応にはライセンサーの協力が不可欠

A　視覚可能な形で具体的に表現された顧客吸引力のあるキャラクターを利用（複製）してそれを商品化し，経済的利益をあげる権利のことを「**商品化権**（マーチャンダイジング・ライト）と呼んでいます。言い換えれば，キャラクターの商品化であり，商品化権を構成する実体とその保護対象は，イラストや人形などの立体物のような具体的な表現形式を有する有名なキャラクターだということになります。テレビCMなどの動画広告（アニメ化）で有名になったキャラクターが付された商品が，購買者の注意や興味を引き，購買意欲をそそり，販売促進に非常に有効であることは，経験上明らかです。したがって，商品化権とキャラクターは，広告宣伝や販売促進の面で，切っても切れない密接な関係を有しています。

[検討]

1　商品化権とは

　この商品化権は，パブリシティ権（経済的な肖像権）と同様に，制定法で規定されたものではなく，判例等で確立されつつある権利です。その法的性質は，著作権法上の複製権または翻案権もしくは商標権・意匠権などの知的財産権に基づく許諾契約（一般に「商品化権契約」と呼ばれています）によって発生する権利であり，キャラクターの利用（商品化）を目的とするものです。また，その形態も一様ではありません。**既存の著名**なキャラクターを独占的な利用契約（ライセンス契約）によって確保する方法や，オリジナルのキャラクターを自社にて，または他社に委託して**新規に開発**する方法などが一般的です。「サ

170

§3　知的財産権の保護

ザエさん」や「ポパイ」などのキャラクターは，連載漫画に由来するキャラクターですが，「ハローキティ」，「ポケットモンスター」などは，商品化権に基づいて単体で制作されたオリジナルなキャラクターです。

2　商品化権契約

商品化権契約は，キャラクターについて権利を有する者（知的財産権者であるライセンサー。外国の個人・法人の場合もあります）と商品を製造販売する者（利用権者であるライセンシー。例えば玩具メーカー）との間で締結されます。その内容は，その商品に関する権利の利用を許諾する契約となります。例えば，そのキャラクターの著作権を利用する場合，そのキャラクターを人形などに立体化し，または，文房具などにキャラクターのイラストなどを平面的に印刷する，あるいは一部改変（翻案）をして使用するなど，さまざまな局面が考えられます。したがって，許諾の範囲や利用形態などを明確に決めておく必要があります。それが不十分ですと，「ひこにゃん事件」（後掲参考判例）のように，後になって予想外の紛争に発展するおそれがありますので，特に注意が必要です。

また，著作権だけではなく，商標権や意匠権，さらに不正競争防止法による保護についても取決めをする必要があります。例えば，そのキャラクターの図柄や名称が先に他人によって商標登録されている場合には，その図柄や名称は使用できませんので，契約自体が振り出しに戻ることもあり得ます。したがって，商標の事前調査についての取決めも忘れてはなりません。また，ライセンシーが，キャラクターを商品化した商品について商標権や意匠権を出願する場合の取扱いについて，ライセンサーの事前の承諾を要するか否かを明確に取り決める必要があります。さらに，ライセンシーが他人に対して，そのキャラクターの商品化権を**再許諾またはサブライセンス**することができるか否かの取決めも，重要な項目の1つです。このほか，第三者による商品化権の侵害行為に対するライセンサーの侵害排除義務（そのための合理的措置）も，きわめて重要な項目の1つです。例えば，第三者が無断でそのキャラクターを外国で商品

第Ⅱ部　広告表示の法的規制　Q&A

化し，日本への輸入を試みた場合，その輸入の差し止めには，そのキャラクターの知的財産権者であるライセンサーの協力が欠かせません。ライセンシーである利用権者には，第三者の権利侵害にストップをかける「差止請求権」がないからです。

3　留意点

商品化されたキャラクターを広告宣伝に利用する機会が多いと思われます。この場合，そのキャラクターを実際にデザインした者やその立体物を制作した者との間で，そのデザインや立体物に係る著作権の譲渡契約や著作者人格権の処理を確実に済ませておく必要があります。また，キャラクターの名称で問題が起きないように，商標権の取得などにも目配りが必要になります。

▮ 参考判例

- 大阪高決平成23・3・31「ひこにゃん事件」（平成23（ラ）第56号仮処分申立却下決定に対する抗告申立事件（判例時報2167号81頁）。原審：大阪地決平成22・12・24（判例時報2167号102頁））。本件は，2007年（平成19年）11月，原作者が彦根市を相手に彦根簡裁に民事調停を申し立てたことに端を発し，紛争が泥沼の様相を呈していたが，2016年（平成28年）7月25日，彦根市と原作者であるイラストレーターの間で和解が成立した。

▮ お勧め参考文献

- 志村潔『こんな時，どうする「広告の著作権」実用ハンドブック（第2版）』（前掲）74〜76頁
- 高林龍『標準・著作権法（第3版）』（前掲）96〜102頁
- TMI総合法律事務所編『著作権の法律相談Ⅱ』（前掲）3〜11頁
- 牛木理一『キャラクター戦略と商品化権』（発明協会・2000年）10〜17頁，20〜30頁，316頁
- 松村信夫『新・不正競業訴訟の法理と実務』（民事法研究会・2014年）34〜35頁

(TY)

§3 知的財産権の保護

Q49 パロディ―著作権法，不正競争防止法

誰でも知っている著名な広告表現や著名なマークをパロディ化すること
を計画しているのですが，どのような点に注意すべきでしょうか。

ポイント 権利者の許諾を得るのが安全

A 既存の著名な著作物（表現やマーク等）をパロディ広告に利用すること
には，注意が必要です。

パロディについて確立した定義はありませんが，一般的には，特定の既存の
著作物に依拠し，これに手を加えて，滑稽化し風刺化する表現形式のことを意
味し，漫画作品などによく見られる形式です。また，この場合，パロディは，
通常元の作品の画像や歌詞，フレーズなどの具体的な「表現」に対する「滑稽
化・風刺化」であることが多く，元の作品の著作権者の許諾なしでこれを行っ
た場合，現行著作権法のもとでは，「引用」（同法32条）の範囲を遥かに超え，
著作権（翻案権）の侵害行為に該当する可能性が高いと言わざるを得ません。

［検討］

1 周知または著名な表現をパロディ化した広告表現

これは，元の広告の広告主の長年にわたる企業努力によって形成・確立され
た「周知又は著名な営業表示」へのフリーライド（ただ乗り）とみなされ，不
正競争防止法2条1項2号に抵触するおそれも皆無ではありません。また，仮
に元の作品の著作権の保護期間が切れている場合であっても，「**著作者人格権**」
（著作権法18〜20条，60条）が絡んできますので，軽々に判断することはでき
ません。

ユーモアの範囲内であれば許されるなどの肯定的な見解が全くないわけでは
ありませんが，パロディ化する場合，一般的には元の著作者の意に反するアレ
ンジになる可能性があることを勘案すると，元の著作者の許諾なしでパロディ

173

第Ⅱ部　広告表示の法的規制　Q&A

化することは，使用差止や損害賠償請求を受けるなどの大きなリスクを伴うことになるおそれがあります。理屈の上では，著作権法で保護されるのは表現そのものであってアイデアではないことから，元の作品のアイデアにヒントを得て，新たな著作物を創作した（アイデアの流用にすぎず，合法である）と主張することも考えられますが，現実には，「アイデア」と「表現」の明確な線引きが難しく，翻案であると反論された場合，これを論破することには非常に大きな困難が伴い，事実上できません。ここに，パロディ化のアキレス腱があります。また，著作権法113条6項は，「著作者の名誉又は声望を害する方法によりその著作物を利用する行為は，その著作者人格権を侵害する行為とみなす」としていますので，翻案に当たらない場合にも，品性を著しく欠くパロディ化は禁物です。

　問題化した場合には，使用の差止めや損害賠償の請求など，大きなリスクを伴うことになりますので，慎重な対応が必要です。

2　周知または著名なマークをパロディ化した広告表現

　これについても上述と同様のことが当てはまります。特にマークの場合には，商標登録や著作物性がない場合でも，よく知られたもの（周知または著名）であれば，不正競争防止法上の権利（2条1項1号および2号）を主張される可能性がありますので，無許諾でのパロディ化には慎重に対処する必要があります。

　パロディへの利用との関連でよく話題になるマーク（ピクトグラム）として，**「非常口のマーク」**（緑色地の「避難口誘導灯」と白色地の「通路誘導灯」）や**「道路標識」**が挙げられます。いずれも登録商標には該当しません。前者は総務省消防庁の告示（別図）によって定められたものであり，後者は，国土交通省の省令によって定められている特殊なものですが，これを創作（考案）した人が存在しますので，著作物（著作権法10条6号の「その他の図形の著作物」）に該当すると思われます。したがって，これを勝手にまるまるコピー（デッド・コピー）してよいことにはなりません。なお，2005年には，グリーンジャ

174

§3　知的財産権の保護

ンボ宝くじの広告に非常口マークの人型の頭部を実在人物の顔写真に合成したデザインが使用され，トラブルになりました。このほか，電子市場における「非常灯」の通販の広告に「非常口のマーク」が使われた事例などもあります。

　しかし，著作権法13条の規定により，この類の著作物に対する保護は大きく制限されていますので，パロディ化についても，公序良俗に反するような低俗なものでなければ，原則として許されると思われます。具体的には，ケース・バイ・ケースの扱いになりますので，当該マークの管理者に事前に確認してから使用することをお勧めします。

参照すべき公的基準等

- 総務省消防庁告示「誘導灯及び誘導標識の基準」（平成11年3月17日）（消防法施行規則28条の3第3項1号ハ，および4項10号ならびに6項に基づくもの）

お勧め参考文献

- 志村潔『こんな時，どうする「広告の著作権」実用ハンドブック（第2版）』（前掲）132〜133頁，140頁，182〜183頁
- 電通法務マネジメント局編『広告法』（前掲）79頁
- 稲穂健市『楽しく学べる「知財」入門』（前掲）138〜147頁
- 雪丸真吾ほか『コンテンツ別ウェブサイトの著作権Q&A』（中央経済社・2018年）123〜124頁

(HY)

第Ⅱ部　広告表示の法的規制　Q&A

Q50　広告自体の著作者と著作権—著作権法

広告そのものが著作物である場合，著作権者は誰になりますか。

ポイント　動画広告か，それ以外かで著作権者が異なることに留意

A　広告は，一般的には，広告主が広告会社に制作を発注し，さらに広告会社が制作会社に制作を発注するという取引経路で作成されています。関係者のうち誰に著作権が帰属するかは，①動画広告以外（例：グラフィック広告，音声のみの広告）か，②動画広告かに分けて考える必要があります。①動画広告以外の場合，著作権は，制作会社または広告会社に帰属するか，もしくは制作会社および広告会社の共有となります。②動画広告の場合，広告主が著作権者となるとの裁判例があります。

　もっとも，契約によって，著作権の帰属を定めているケースも少なくないため，広告主・広告会社・制作会社間で著作権の帰属が問題となった場合は，まずは契約書を確認することが必要です。

［検討］

1　著作権法上の著作者・著作権者の考え方

　著作権法上，原則として，著作物の著作者は「著作物を創作した者」（2条1項2号）であり，著作者が著作権を有します（同法17条）。もっとも，職務著作に該当する場合は，著作者および著作権者は「法人等」になります（同法15条，17条）。「映画の著作物」（同法2条3項）に該当する場合には，著作者は「映画の著作物の全体的形成に創作的に寄与した者」となり（同法16条），著作権者は「映画製作者」となります（同法29条1項）。

2　動画広告以外の場合

　一般的に広告を創作する者は制作会社または広告会社の従業員であり，職務

176

著作として，著作者および著作権者は，その従業員が所属する制作会社または広告会社となります。制作会社および広告会社の従業員が双方に広告の創作に寄与している場合で，当該創作部分を分離できない場合には，制作会社および広告会社の共有となります。

3　動画広告の場合

　動画広告の場合は「映画の著作物」に該当します。後掲参考判例では，動画広告の代表例であるテレビCMについて「映画の著作物」に該当すると判断されています。

　また，後掲参考判例においてはテレビCMの原版の権利が誰に帰属するのかについても判示されています。この判例以前は，テレビCMの権利が誰に帰属するのかについて，一般社団法人ACC（All Japan Confederation of Creativity。2018年に現法人名に名称を変更）が平成４年（1992年）当時に取りまとめたCM著作権運用指針「CM（映像広告）の使用について」（通称「**ACCルール**」または「**92年ACC合意**」）に基づき，慣習的に広告主，広告会社，制作会社の**「共有財産」**であるとされてきました。しかし，この判決では，「映画製作者の定義である「映画の著作物の製作に発意と責任を有する者」（著作権法２条１項10号）とは，その文言と著作権法29条１項の立法趣旨からみて，映画の著作物を製作する意思を有し，当該著作物の製作に関する法律上の権利・義務が帰属する主体であって，そのことの反映として当該著作物の製作に関する経済的な収入・支出の主体ともなる者であると解するのが相当である。」としたうえで，「CM原版制作の特徴に照らせば，CM原版制作に当たっては，広告主の意向を反映して企画案を練り，出演するタレントを確保し，最終的に広告会社から確定した企画の了承を得て，制作費を確定させるまでの作業が重要な意味を持ち，そこまでの作業に比較すれば，その後の，撮影，編集の具体的作業が寄与する程度は，相対的に低いものといわざるを得ない。」と判示した原審を引用し，**広告主が映画製作者である**と判示しました。

　この判決は，テレビCMを対象にしていますが，テレビCM以外の動画広告

第Ⅱ部　広告表示の法的規制　Q&A

についても射程が及ぶと考えるのが妥当だと思われます。もっとも，事案により広告主，広告会社，制作会社の関与の度合いは異なるため，動画広告全般において，常に広告主が映画製作者である，とまではいえないでしょう。

　以上のように，広告作品そのものの著作権については，「動画広告以外の広告の場合は制作者又は制作会社」，「テレビCM（動画広告）の場合は広告主」となり，「**ねじれ現象**」に直面することになりました。したがって，この問題の今後の成り行きを注視していく必要があります。

参照すべき自主的基準等

- 一般社団法人ACC「CM（映像広告）の使用について」（通称「ACCルール」または「92年ACC合意」）
- ※　**合意の骨子**（志村：下記参考文献118頁参照）
  - 制作されたCMは，広告主は自由に使用できる。
  - 広告主がそのCMを修正・改訂・プリントしたりする場合は，最初の広告代理店，制作会社に必ず発注する。
  - 原版管理は，最初のCM制作会社で行い，広告主はその管理料を支払う。

参考判例

- 知財高判平成24年10月25日「テレビCM原版事件」（控訴棄却）（裁判所HP）
  - 控訴人（原審原告）：CM原版の制作会社（被告から原版の制作を下請受注した会社）
  - 被控訴人（原審被告）：CM制作会社（広告代理店電通から広告主の「テレビCM」の制作を受注した会社）

お勧め参考文献

- 志村潔『こんな時，どうする「広告の著作権」実用ハンドブック（第2版）』（前掲）113～121頁
- 小泉直樹［知財判例速報］「テレビCM原版の著作権帰属」（ジュリスト1450号，6頁，2013年2月1日）

（AI）

§3 知的財産権の保護

Q51 ロゴ等の使用と広告の関係—商標法，不正競争防止法

他人のロゴ，マーク，商品名や，他人のCMで使われるフレーズ等を広告に使用する場合，どのような点に注意する必要がありますか。

ポイント 商標権侵害・不正競争防止法違反により差止め・損害賠償を求められるリスクに留意

A 他人（「他社」を含みます。以下同じ）のロゴ，マーク，商品名，さらに他人のCMで使われるフレーズ等は，**商標登録されている場合**，登録商標として商標法によって保護されます（25条）。指定商品・指定役務（6条1項）またはそれに類似の指定商品・役務において，他人の登録商標と同一または類似の商標を自己の商標として使用した場合，当該他人の**商標権を侵害**することになるため，注意が必要です（25条，37条1項1号）。

また，**商標登録されていない場合**であっても，広く認識されている他人のロゴ，マーク，商品名等を他人の商品・営業と混同させる使い方をした場合や，**著名なロゴ，マーク，商品名等**を自己の商品等表示として使用する場合は，**不正競争防止法に抵触**するおそれがあります（2条1項1号，2号）。

したがって，何らかの事情で他人のロゴ，マーク，商品名，フレーズ等を広告に使用する場合は，それらが商標登録されているかに加え，広く認識されているか，また，著名であるかについても十分に調査し，必要に応じて権利者に問い合わせることが重要です。

［検討］

1 商標法

① 登録できる商標

商標法では，「人の知覚によって認識することができるもののうち，文字，図形，記号，立体的形状若しくは色彩又はこれらの結合，音その他政令で定め

179

るもの」（2条1項）について，一定の要件を満たせば商標登録ができるとされています。

現在認められている商標の中でも，動き商標，ホログラム商標，色彩のみからなる商標，音商標および位置商標は，2014年の商標法の改正で追加されたものです。当該改正による追加で，CMで使われる音階付きのフレーズについても，商標登録が可能となりました。登録が認められた音商標には，例えば久光製薬の「ヒサミツ」（5804299号），フジッコの「ふじっ子のおまめさん」（5805620号），伊藤園の「おーいお茶」（5805757号）等があります。

このように登録できる商標の範囲が拡大されていますので，一般論として，他人の商品等表示を使用する場合には，従来以上の注意が必要になります。

② 商標権の効力

商標登録が認められると，「商標権者は，指定商品又は指定役務について登録商標の使用をする権利を専有する」（25条）ことになります（専用権）。

他人と同一または類似する指定商品または指定役務について，他人の登録商標と同一または類似の商標を使用すること（37条1号）は，商標権の侵害とみなされます（同条柱書，禁止権）。逆に，商標権者は，登録した指定商品または指定役務の範囲でしか登録商標を使用できませんが，他人が類似する指定商品または指定役務について同一または類似の商標を使用している場合は，侵害を主張できるということです。商標登録されている場合であっても，指定商品または指定役務が全く異なれば，同じ表記でも，商標としての登録が認められます（例えば，トヨタ自動車の自動車「CROWN」と三省堂の英和辞典「CROWN」がその例です）。

商標法は，侵害行為とされる「**使用**」の一形態として，「商品もしくは役務に関する広告，価格表若しくは取引書類に標章を付して展示し，若しくは頒布し，又はこれらを内容とする情報に標章を付して電磁的方法により提供する行為」（2条3項8号）を定めています。例えば，テレビCM，屋外広告，無償で配布する販売促進品（ノベルティ），ホームページ上の広告等に他人の商標

§3 知的財産権の保護

を付すなどの広告関連の行為が、これに当たります。

したがって、本問の場合でも、他人のロゴ、マーク、商品名、フレーズ等が商標登録されている場合、当該登録商標と同一または類似する指定商品または指定役務について、同一または類似する商標を登録者に無断で広告に掲載することは、他人の商標権を侵害することになり、当該他人から差止め（36条）や損害賠償（民法709条）を請求されるおそれがあります。

2 不正競争防止法

① 不正競争該当性

「他人の商品等表示（人の業務に係る氏名、商号、商標、標章、商品の容器若しくは包装その他の商品又は営業を表示するものをいう。以下同じ。）として需要者の間に広く認識されているものと同一若しくは類似の商品等表示を使用」した商品を販売する等して、市場において「他人の商品又は営業と混同を生じさせる行為」は、不正競争防止法上の不正競争として定められています（2条1項1号、周知表示混同惹起行為）。それが商標登録されているか否かは関係ありません。

また、他人の商品等表示として著名なものを、自己の商品等表示として使用して商品を販売する等の行為についても、同法における不正競争として定められています（2条1項2号、著名表示冒用行為）。2号の「著名」は、1号の「広く認識されている」（＝周知）よりも広い範囲で知られていることを指しており、他人の著名な商品等表示を使用した場合には、**市場で商品等の混同が生じていなくても**、使用等をしただけで不正競争に該当しますので、留意する必要があります。この規制についても、商標登録されているか否かとは無関係です。

② 不正競争の効力

不正競争に該当する行為を行った場合、当該行為によって「営業上の利益を侵害され、又は侵害されるおそれがある者」から、当該行為の差止め（3条）

181

や損害賠償（4条）の請求を受けることになります（損害賠償請求の場合には，故意または過失の主観的要件が必要になりますが，差止請求の場合には主観的要件は必要ありません）。

以上から明らかなように，何らかの事情で他人のロゴ，マーク，商品名等が周知または著名である場合，不正競争防止法に抵触しないよう使用形態を工夫したり，必要に応じて権利者と契約を締結したりすることが肝要です。

お勧め参考文献

- 茶園成樹編『商標法（第2版）』（有斐閣・2018年）20～26頁，190～192頁
- 愛知靖之ほか『LEGAL QUEST 知的財産法』（前掲）348～351頁，379～381頁，411～425頁
- 稲穂健市『楽しく学べる「知財」入門』（前掲）97～171頁
- 電通法務マネジメント局編『広告法』（前掲）113頁～136頁

(YK)

§3 知的財産権の保護

Q52 広告表示と特許権—景品表示法，薬機法

> 広告において，「特許出願中」や「特許取得」などと表示することに問題はないでしょうか。

ポイント 優良誤認や誇大広告となるリスクに留意

A 「特許出願中」という表示は，広告でもよく見られる表現です。しかし，場合によっては（例えば，実際に出願していないのに「出願中」と表示している場合，特許取得の見込みが低いことを承知のうえで出願している場合など），消費者に「**優良誤認**」される可能性がありますので，**慎重に対応**する必要があります。

次に，**実際に有効な特許を保有していても**，医薬品や化粧品など，医薬品医療機器等法（以下「薬機法」といいます）（より具体的には，「**医薬品等適正広告基準**」などの行政ルール）の規制を受ける商品については，広告において特許の内容について記載することが規制されています。

さらに，健康食品は，本来，薬機法の規制対象外ですが，その特許が医薬品的効能効果や医療機器的効能効果に関連するものである場合，その内容の記載の程度によっては，同様に，薬機法の規制に服することになりますので，留意する必要があります。また，広告表示の内容次第では，優良誤認（景品表示法5条1号）や健康増進法（31条1項）で規定している虚偽または誇大表示等の禁止に抵触する場合があり得ます。例えば，「**ダイエット効果あり！**」（**特許番号○○○○**）というような広告表示では，実際の効果とは無関係に，特許を取得済みであることを**ちらつかせて**，顧客を強引に吸引する意図があると受け取られるおそれがあります。

[検討]

まず，基本的なこととして，広告表示が「優良誤認」（景品表示法5条1号）に当たるかどうかは，**一般消費者の誤解を招くか否かという観点**から判断され

183

第Ⅱ部　広告表示の法的規制　Q&A

るという点に留意する必要があります。**特許出願中だけでも**，場合によっては優良誤認表示に当たる可能性があるのは，このためです。

　次に，医薬品・化粧品等に係る特許ですが，医薬品等適正広告基準（後掲公的基準等①）の第4（基準）の2（製造方法関係）の項において，「医薬品等の製造方法について実際の製造方法と異なる表現又はその優秀性について事実に反する認識を得させるおそれのある表現をしてはならない。」と規定されており，これに係る公式な「解説及び留意条項等について」（後掲公的基準等②）の該当基準（第4（基準）－2（製造方法関係）－(2)「特許について」）において，「特許に関する虚偽又は誇大な広告を行った場合は本項に抵触する。」と規定されています。また，**特許の取得が事実の場合であっても**，該当基準（第4（基準）－10（医療関係者等の推薦）－(3)「特許について」）の規定により，広告において特許について**記載することはできません**。ただし，容器や包装または添付する文書などへの記載については，「方法特許」または「製法特許」の文字，特許番号，特許発明に係る事項を併記し，正確に記載する場合に限り認められています（昭和39年10月30日薬監第309号厚生省薬務局監視課長通知）。

　さらに，特許に係る広告表示が景品表示法（5条1号）違反として，裁判で争われた事案も現実に存在します（後掲参考判例①②）。

　すなわち，広告主である原告（2社）は，それぞれ「**タバクール**」および「**ビタクール**」と称する商品の販売にあたり，その粉末をたばこの先端に付着させて喫煙すれば，たばこの煙に含まれるニコチンがビタミンに変化し，それによりニコチンが減少し，喫煙による害がなくなるかのごとき広告表示を行っていました。公正取引委員会は，これを**根拠のない不当表示**と判断し，**排除命令**を発しましたが（平成21年10月28日），原告らは，これを不服として訴訟を提起しました。

　「ビタクール」という名称で商品を販売していたほうの原告は，訴訟において，広告表示の裏付資料として「**特許公報**」（特許第1865526号）を提示して争いました。しかし，裁判所は，次のように判示して，原告の請求を棄却しています（後掲参考判例②）。

184

§3 知的財産権の保護

「特許公報に特定の試験の結論が記載されている場合においても，その記載
自体が当該試験の客観性，信頼性等を担保するものではなく，特許公報自体
が発明の効果・性能のすべてを実証するものとはいえない。」

このように，特許公報に効果が開示されているからといって，それが，その
まま広告表示の妥当性を担保することにはならず，他の客観的な資料（例えば，
JISによる試験結果）などによる公的な補完がなければ，不当表示に該当する
おそれがあります。なお，ビタクールは，医薬品ではなく，現在も販売されて
いる模様です。

参照すべき公的基準等

① 厚生労働省「医薬品等適正広告基準（改正）」（平成29年9月29日薬生発0929第
4号）

② 厚生労働省「医薬品等適正広告基準（改正）の解説及び留意事項等について」
（薬生監麻発0929第5号）

参考判例

① 東京高判平成22・10・29「タバクール審決取消請求事件」（平成23年3月4日上
告棄却・不受理）（LEX/DB25464006）

② 東京高判平成22・11・26「ビタクール審決取消請求事件」（平成23年6月7日上
告棄却・不受理）（LEX/DB25464147）

お勧め参考文献

■ 大元慎二編著『景品表示法（第5版）』（前掲）70頁

(TY)

第Ⅱ部　広告表示の法的規制　Q&A

§4 特定業種・分野における規制

Q53　貸金業の広告規制─貸金業法，景品表示法

貸金業者が行う広告については，どのような規制が設けられていますか。

ポイント　自主規制基準に沿った広告にすること

A　貸金業者が行う広告については，景品表示法および同法5条3号の規定に基づいて策定された「消費者信用の融資費用に関する不当な表示」のほか，貸金業法において，誇大広告の禁止（同法6条）を定め，貸付けの利率その他の貸付けの条件について，著しく事実に相違する表示もしくは説明をし，または実際のものよりも著しく有利であると人を誤認させるような表示・説明（実際にその誇大広告によって事実誤認や有利誤認をしたか否かは問わない）を禁じています。このほか，貸付条件等の掲示の定め（同法14条，同規則11条3項），貸付条件の広告等の規制（同法15条1項，同規則12条1項）があり，これらの貸金業法の違反については罰則規定も設けられています（同法48条2号，3号，49条4号）。

　また，平成19年12月に貸金業法に基づく自主規制機関として設立された日本貸金業協会は「広告審査に係る審査基準」（後掲自主的基準等）を策定し，業界の自主規制によって表示の適正化を図っています。この自主基準において指定された媒体，すなわち，テレビCM，新聞広告，雑誌広告および電話帳広告への広告の出稿については，同協会が設けた審査機関による事前審査制を採り（貸金業の業務運営に関する自主規制基本規則43条），また，事前審査対象外の広告（インターネット広告等）についてもこの自主基準に従い，協会から事後説明を求められた場合に備えた適切な措置を講じるよう求められています。

§4　特定業種・分野における規制

［検討］

「広告審査に係る審査基準」は，ⅠからⅣまでの４つのパート（基準）から構成されており，「Ⅲ　誇大広告の禁止等に関する基準」において，次の事項についての広告を禁止する旨規定しています。

① 誇大広告

② 資金需要者等を誘引することを目的とした特定の商品を当該貸金業者の中心的な商品であると誤認させるような表示または説明（例：「特別低金利融資実施中」など）

③ 他の貸金業者の利用者または返済能力がない者を対象として勧誘（広告から誘引すること）する旨の表示または説明（例：「他店での利用件数は問題ではありません」など）

④ 借入れが容易であることを過度に強調することにより，資金需要者等の借入意欲をそそるような表示または説明（例：「面倒な手続一切不要」，「無理と思わず相談下さい」など）

⑤ 公的な年金，手当等の受給者の借入意欲をそそるような表示または説明（例：「年金担保」など）

⑥ 貸付けの利率以外の利率を貸付の利率と誤解させるような表示（例：「割引率」など）

これらの禁止事項に抵触する広告は，すでに述べた事前審査によって出稿を差し止められる仕組みになっています。

なお，テレビCM等の事前審査対象媒体における広告については，基準Ⅰにおいて，表示事項等についての細目が定められています。また，基準Ⅱにおいては，事前審査対象外の媒体（例：ラジオCM，チラシ，インターネット）における留意事項を定め，さらに基準Ⅳにおいては，その他の留意事項として，「その他の適切でない表現」（例：「金融庁登録」，「業界屈指」など）の禁止等が定められています。

一時期，いわゆる「多重債務者」が社会問題化しましたが，最近では自主基準の定着が進みつつある模様です。

第Ⅱ部　広告表示の法的規制　Q&A

参照すべき公的基準等

- 公正取引委員会「消費者信用の融資費用に関する不当な表示」（昭和55年公正取引委員会告示第13号）
- 公正取引委員会「「消費者信用の融資費用に関する不当な表示」に関する運用基準」（昭和55年6月9日事務局長通達第8号）

参照すべき自主的基準等

- 日本貸金業協会「広告審査に係る審査基準」（平成20年8月1日制定，最終改正平成30年2月1日）

お勧め参考文献

- 伊従・矢部編『広告表示規制法』（前掲）234～239頁
- 電通法務マネジメント局編『広告法』（前掲）152頁
- 加藤公司ほか編『景品表示法の法律相談（改訂版）』（前掲）238～240頁

(HY)

§4 特定業種・分野における規制

Q54 士業の広告規制
―弁護士法，公認会計士法，税理士法，司法書士法

弁護士などのいわゆる「士業」の広告規制について教えてください。

ポイント 各資格者団体の会則を遵守

A 「士業」の広告は，「士業」に求められる高い品位の保持と信用の維持を害するものとして，長年，強制加入団体であるそれぞれの資格者団体の会則により禁止されていました。しかし，規制緩和の流れを受け，現在は，順守すべき自主規制はあるものの，広告が可能になっています。

[検討]

1 規制緩和の背景

平成12年3月31日に閣議決定された「規制緩和推進3か年計画」により，広告規制の自由化が検討されることになりました。

また，公正取引委員会は，平成13年10月24日付で，「資格者団体の活動に関する独占禁止法上の考え方」を公表し，「資格者団体が，会員の行う広告について，媒体，回数，場所，内容等を制限することにより，需要者の正しい選択に資する情報の提供に制限を加えることは，独占禁止法第8条第4号の規定に違反するおそれがある。また，このような行為により，市場における競争を実質的に制限することは，独占禁止法第8条第1号の規定に違反する。」との見解を示しました。

これらを背景に，広告を原則自由とする流れが一気に加速され，各資格者団体では，広告規制に関する見直しを積極的に行うこととなりました。

2 規制概要

資格者団体（士業）のうち弁護士，公認会計士，税理士，司法書士の広告に

第Ⅱ部　広告表示の法的規制　Q&A

関する規制の概要は，以下のとおりです。

　法律で定められた会員の品位の保持に関する規定を受け，会則等により必要な自主規制が定められています。

資格	根拠法令・会規	規制内容
弁護士	・弁護士法（2条） ・日本弁護士連合会会則（29条の2第2項） ・弁護士及び弁護士の業務広告に関する規程 ・弁護士及び弁護士法人並びに外国特別会員の業務広告に関する指針	【禁止される広告（規程3条）】 ①事実に合致していない広告 ②誤導又は誤認のおそれのある広告 ③誇大又は過度の期待を抱かせる広告 ④困惑させ，又は過度の不安をあおる広告 ⑤特定の弁護士（事務所）との比較広告 ⑥法令・会則・会規に反する広告 ⑦弁護士の品位又は信用を損なうおそれのある広告 【表示できない広告事項（規程4条）】 ①訴訟の勝訴率 ②顧問先又は依頼者 ③受任中の事件 ④過去に取扱い又は関与した事件 ※②～④については依頼者の書面による同意がある場合等一定の例外事由がある場合には可 【広告をした場合に表示すべき事項（規程9条，10条）】 ②広告をした弁護士の氏名と所属弁護士会（規程9条） ③広告である旨の表示（規程10条）
公認会計士	・公認会計士法（1条の2，26条） ・日本公認会計士協会会則（43条） ・倫理規則（25条）	業務広告を行う過程において，正直かつ誠実でなければならず，会員の品位と信用を損なう次の広告をしてはならない。（倫理規則25条） ①専門業務，資格又は経験に関して誇張した広告 ②他の会員を誹謗中傷する広告又は比較広告

190

§4　特定業種・分野における規制

税理士	・税理士法（1条，37条） ・日本税理士会綱紀規則（22条） ・税理士会会員の業務の広告に関する細則（3条，4条，7条，8条）	【禁止される広告（細則3条）】 ①事実に合致していない広告 ②誤導又は誤認のおそれのある広告 ③誇大させ又は過度な期待を抱かせる広告 ④困惑させ，又は過度な不安をあおる広告 ⑤特定の会員（事務所）との比較広告 ⑥法令又は会則及び規則に違反する広告 ⑦税理士の品位又は信用を損なうおそれのある広告 【表示できない広告事項（細則4条）】 ①税務行政庁在職時の具体的役職名 ②委嘱者の氏名又は名称 ③現在取扱い又は委嘱されている事案 ④過去に取扱い又は委嘱された事案 ※②～④については委嘱者の書面による同意があれば表示可 【広告をした場合に表示すべき事項（細則7条，8条）】 ①広告をした税理士の氏名又は名称と会員である旨の表示（細則7条） ②広告である旨の表示（細則8条）
司法書士	・司法書士法（2条） ・司法書士倫理（16条） ・各司法書士会の会則および広告に関する規範規則	司法書士は，不当な目的を意図し，又は品位を損なうおそれのある広告宣伝を行ってはならない（倫理16条） [例：東京司法書士会会則] 会員は，自己の業務について広告をすることができる。ただし，虚偽もしくは誇大な広告又は品位を欠く広告は，この限りではない。 [例：東京司法書士会会員の広告に関する規範規則] 【禁止される広告（2条）】 ①事実に合致しない広告 ②誘導又は誤認のおそれのある広告 ③誇大又は過度の期待を抱かせる広告 ④他の会員との比較広告

191

		⑤金品を提供するなどの利益の供与を提示するような広告
		⑥司法書士の品位又は信用を損なうおそれのある広告
		⑦司法書士法などの法令や会則などに違反する広告
		【広告をした場合に表示すべき事項（4条, 5条）】
		①広告をした事務所所在地，司法書士の氏名又は職名，会員である旨の表示（4条）
		②広告である旨の表示（5条）

お勧め参考文献

■ 伊従・矢部編『広告表示規制法』（前掲）281～287頁

(AI)

§4　特定業種・分野における規制

Q55　「学校」という名称の使用──
学校教育法，商標法，不正競争防止法

「○○管理士試験対策講座」を開くにあたり，主催団体名として「学校」の名称を使用して広告を出したいのですが，問題はないでしょうか。また，このような教育機関を運営するにあたり，注意すべき点について教えてください。

ポイント　学校教育法違反になるリスクに留意

A　本問の場合，講座を開く主催団体が学校教育法1条に規定されている「学校」（以下「一条校」といいます），124条に規定されている専修学校，134条に規定されている各種学校，またはその他法令に基づく教育訓練施設（大学校）でなければ，「学校」という名称は使用できません（同法135条）。「学校」という名称を使用しない場合でも，他の学校と混同するような名称にした場合，商標法および不正競争防止法上問題になる場合がありますので，注意が必要です。

その他，教育機関の運営にあたっては，各種自主基準を確認する必要があります。

［検討］

1　学校教育法等

学校教育法上の「学校」の概念を表にまとめると，以下のようになります。

種別	根拠法	内容，その例	運営主体
一条校	学校教育法1条	幼稚園，小学校，中学校，義務教育学校，高等学校，中等教育学校，特別支援学校，大学及び高等専門学校	国・地方公共団体・私立学校法3条に定める学校法人（2条）
専修学校	同124条	一条校以外の教育施設で，職業若しくは実際生活に必	授業時数・教員数や施設・設備などの一定の基準（専

193

第Ⅱ部　広告表示の法的規制　Q&A

| | | 要な能力を育成し，又は教養の向上を図ることを目的として一定の条件下で組織的な教育を行うもの（例：日本工学院専門学校） | 修学校設置基準等）を満たしている場合に，所轄庁である都道府県知事の認可を受けて設置される（設置者は，学校法人に限定されない。NPO，株式会社でもよい） |
| 各種学校 | 同134条 | 一条校・専修学校以外のもので，学校教育に類する教育を行うもの（例：和洋裁，簿記，珠算，自動車整備，調理・栄養，看護婦，保健婦，理容，美容，タイプ，英会話，工業，日本語学校，外国人学校，インターナショナルスクール） | 授業時数・教員数や施設・設備などの一定の基準（各種学校規程等）を満たしている場合に，所轄庁である都道府県知事の認可を受けて設置される（設置者は，学校法人に限定されない。NPO，株式会社でもよい） |

　学校教育法上の「学校」のほかに，防衛省設置法15条に規定される防衛大学校，警察法27条に規定される警察大学校，財務省組織令95条に規定される税務大学校等があります。

　全国には，上記表の種別に該当しない，いわゆる「**無認可校**」が多く存在しています。教育を行うことそのものは自由ですから，無認可校を運営すること自体は違法ということではありません。ただし，無認可校は「学校」という名称を使用できません（学校教育法135条）。そのため，例えば，無認可校では，教室，スクール，カレッジ，アカデミーなどの名称を使用しているケースが多いようです。例えば，全国的に有名な「**ヤマハ音楽教室**」は，一般社団法人であり，各種学校の許認可を取得していませんので，「学校」と表示せず，「教室」と称しています。

2　商標法・不正競争防止法

　教育機関に限った話ではありませんが，名称を決定する際には，他者の商標権を侵害しないよう，登録商標を調査しておく必要があります。また，登録商標になっていない場合でも，広く認知されている他の教育機関や著名な教育機

§4 特定業種・分野における規制

関と同一または類似の名称を使用する場合には，混同惹起行為（不正競争防止法2条1項1号）や著名表示冒用行為（同2号）であるとして，不正競争防止法違反を問われる可能性もありますので，注意が必要です（後掲参考判例参照）。

3 自主基準

以上の法律上の規制に加え，合格者数の水増し表示やランキングの不正表示などが行われないように，各種自主基準が設けられています。

専修学校および各種学校については，現在，各ブロックで，全国専修学校各種学校総連合会の決定により，「専修・各種学校の表示に関する自主規約」（後掲自主的基準等①）が制定されています。例えば，南関東専修学校等広告倫理綱領委員会の自主規約では，その第3章6条で「不適正表示の禁止」に該当する行為が細かく定められています。

また，公益社団法人全国学習塾協会は，「学習塾業界における事業活動の適正化に関する自主基準」（後掲自主的基準等②）を制定し，その細則において，「完全」，「絶対」等の完璧性を意味する用語は使用しないなどの禁止規定を設けています。

参照すべき自主的基準等
① 全国専修学校各種学校総連合会の決議を受けて制定された各ブロックにおける「専修・各種学校の表示に関する自主規約」
② 公益社団法人全国学習塾協会「学習塾業界における事業活動の適正化に関する自主基準」（平成11年11月12日施行，最終改正平成23年10月10日）

参考判例
■ 東京地判平成13・7・19「呉青山学院事件」（判例時報1815号148頁）

お勧め参考文献
■ 愛知靖之ほか『LEGAL QUEST 知的財産法』（前掲）423頁

(YK)

195

第Ⅱ部　広告表示の法的規制　Q&A

Q56　パチンコの広告規制
─風俗営業法，警察庁通達，都道府県条例

パチンコ営業における広告，宣伝にかかる規制は，どのように定められ
ていますか。

ポイント　自主的基準の定着が待たれる

A　パチンコの宣伝広告は，景品表示法，そして風俗営業適正化法（以下「風
俗営業法」といいます）と各都道府県の風俗営業法施行条例の規制対象です。

　しかし，パチンコには，強い射幸性（ギャンブル性）があることに鑑み，そ
の広告や宣伝が欺まん的なものに該当しない場合でも，その営業の自由の行き
過ぎや少年の健全な育成に対する障害を規制するという**公共的な見地**から，**行
政的な法規制**が設けられています。その結果，パチンコ営業における広告，宣
伝についても，以下で説明するように，もっぱら**警察庁による通知（通達）に
よって規制されているのが現実の姿**です。

［検討］

　基本となる行政法規は風俗営業法です。同法16条は，「風俗営業者は，その
営業につき，営業所周辺における清浄な風俗・環境を害するおそれのある方法
で，広告又は宣伝をしてはならない」と定め，当該規制の対象となるか否かは，
「営業所周辺における清浄な風俗環境」を害するおそれがあるか否かを基準に
して判断されます。このため，著しく射幸心をあおるおそれのある行為は，こ
の規制の対象となります。

　次に，この法律に対する違反の取締りは，警察庁からの通達「ぱちんこ営業
における広告，宣伝等に係る風俗営業等の規制及び業務の適正化等に関する法
律違反の取締り等の徹底について」（後掲公的基準等①）に基づいて行われて
います。このほか，風俗営業者（パチンコ営業者を含みます）が行う広告およ
び宣伝については，各都道府県の風俗営業法施行条例による「著しく射幸心を

196

§4　特定業種・分野における規制

そそるおそれのある方法で営業しないこと」等の規制に照らし問題がないか否かについても検討されますので，このことにも留意が必要です。

警察庁の上記の通達は，その2項において，以下のような7つの具体的基準を示し，著しく射幸心をあおるおそれがある表示について，広告・宣伝等の規制の徹底を図っています。

① 入賞を容易にした遊技機（調整が加えられている機器）の設置をうかがわせる表示（例：「赤字覚悟の熱血週間」，「モーニングサービス」，「特選台」等の用語）

② 大当たり確率の設定変更が可能な遊技機について設定状況等をうかがわせる表示（例：「設定ゼロ大量投入」，「あさイチ高確率」）

③ 賞品買取行為への関心をそそるような表示（例：「等価交換」，「高価交換」）

④ 遊戯客が獲得した遊戯球等の数量を示し，これに付随した賞品買取所における買取価格等を直接的または間接的に示す表示（例：出玉に応じた商品買取所における買取価格等を併記した表示）

⑤ 著しく多くの遊戯球等の獲得が容易なことを示す表示（例：「大出玉」，「大放出」）

⑥ 遊戯料金等の規制（同法19条）または現金または有価証券による商品提供の禁止（同法23条1項1号）に違反する行為が行われることを直接的または間接的に示す表示（例：「大特価商品」，「無料引換券」，「無料遊戯球の提供」）

⑦ 遊戯の結果について，客の技量により差異が生じる余地がないことをうかがわせるような表示（例：「ハンドル固定」）

上記の規制違反に対しては，指示処分（同法25条）または営業の停止処分が（同法26条）が行われます。なお，新台を導入したことのお知らせなどの射幸心をあおらない単なる告知広告は，上記規制の対象外です。

さらに，広告および宣伝の規制に違反する広告または宣伝が営業所の外壁，営業所に含まれるものと認められる駐車場等に設けられた写真，広告物等の設

197

第Ⅱ部　広告表示の法的規制　Q&A

備によるものである場合は，営業所の構造および設備の維持義務違反にも該当
することになります。

　自主的な基準としては，「ぱちんこ広告協議会」が制定している「ぱちんこ
業界における広告・宣伝ガイドライン」（後掲自主的基準等）などがあります。
しかし，制定されて日が浅く，それが実効性を発揮するには，今後さらに時間
が必要だと思われます。また，パチンコ機器メーカーで組成している日本遊戯
機工業組合（日工組）は，「テレビ，ラジオ，新聞における広告は，企業イ
メージに関するものに限る」という自主規制を1年単位で継続しています。

参照すべき公的基準等

① 　警察庁「ぱちんこ営業における広告，宣伝等に係る風俗営業等の規制及び業務
の適正化等に関する法律違反の取締り等の徹底について」（平成24年7月13日警察
庁丁保発第102号）
② 　各都道府県の風俗営業等の規制及び業務の適正化等に関する法律施行条例

参照すべき自主的基準

■ ぱちんこ広告協議会「ぱちんこ業界における広告・宣伝ガイドライン」（2016年11
月10日制定，最新改正2018年4月1日）

お勧め参考文献

■ 伊従・矢部編『広告表示規制法』（前掲）39～40頁

(HY)

§4　特定業種・分野における規制

Q57　たばこの広告規制―たばこ事業法

たばこの広告表示は，どのように規制されていますか。

ポイント　たばこ事業法等に準じた表示が必要

A　たばこの広告表示については，**政策的な抑制措置**として，たばこ事業法に基づく規制が設けられています。これは，喫煙に健康に対するリスクがあることを踏まえ，個人が自己責任において喫煙を選択するか否かを判断できるように適切な情報提供がなされるべきであるとの政策的判断に基づく規制です。

たばこ事業法39条（製品の包装に記載すべき注意文言）は，販売業者は，販売する時までに，たばこ製品に，**たばこの消費と健康との関係**に関する財務省が定める**注意文言**を表示しなければならない旨を定めています。また，同法40条（広告に関する勧告等）1項は，たばこに関する広告において，「未成年者の喫煙防止及びたばこの消費と健康の関係について配慮するとともに，その広告が過度にならないように努めなければならない」と規定しています。さらに，同条2項は，財務大臣が「指針」を定めることができる旨を規定しており，指針に従わなかった場合には同条3項，4項に基づき勧告，公表の措置が課される可能性があります。

一方，これらの条文の趣旨を踏まえて，日本たばこ協会は，たばこの広告販促活動に関して，より具体的な自主規準を制定しています。

以上のように，たばこに関する広告は，景品表示法はもとより，たばこ事業法による規制と自主規準による規制の両方をクリアしたものでなければなりません。

なお，国際的には，「たばこの規制に関する世界保健機関枠組条約（2003年5月採択。2005年2月発効。日本も締約国）」により，締約国は，たばこ消費の削減に向けて，広告や販売に対する規制を行うことが義務づけられています。

199

第Ⅱ部　広告表示の法的規制　Q&A

［検討］

1　たばこの製品包装表示の規制（たばこ事業法39条の概要）

たばこ事業法39条により，たばこ製品の包装に記載しなければならない注意文言の概要は以下のとおりです（なお，現在，注意文言の内容の見直しが検討されています）。

① 直接喫煙による病気のリスクが高まる旨の注意文言（肺がん，心筋梗塞，脳卒中，肺気腫の**4種類の定型文言**）とその他の喫煙が与える悪影響を記載する旨の注意文言（妊娠中の喫煙，受動喫煙，依存，未成年者の喫煙の**4種類の定型文言**）の2類型を定め，それぞれ各類型から1種類ずつ，計2種類をローテーションにより表示しなければならない。

② 上記文言は，大きく，明瞭で，読みやすいものとし，表示場所については，**たばこ包装の主要な面の面積の30％以上を占め，かつ，枠で囲むなど，他の部分と明瞭に区分しなくてはならない。（面積を50％以上にする改正が現在検討されている）**

③ たばこ煙中に含まれるタール量およびニコチン量を記載しなければならない。

④ 「low tar」，「light」，「mild」等の文言を使用する際は，たばこの健康に及ぼす悪影響が他のたばこと比べて小さいことを当該文言が意味するものでない旨を表示しなければならない。

2　たばこの広告規制（たばこ事業法40条，指針の概要）

たばこの広告規制の概要は以下のとおりです。

① **テレビ，ラジオおよびインターネット等におけるたばこ広告は，成人のみを対象とすることが技術的に可能な場合を除き行わないこと**

② 公共性の高い場所（屋外，公共交通機関等）でのたばこ広告は行わないこと

③ 日刊新聞紙については，その影響力を鑑み，広告方法に配慮すること

④ 広告を行う場合，原則として指針により指定された5つのたばこの消費

§4 特定業種・分野における規制

と健康との関係に関して注意を促す文言を，広告内に明瞭に，読みやすいよう表示すること

3 業界の自主基準

日本たばこ協会が定めている「製造たばこに係る広告，販売促進活動及び包装に関する自主規準」（後掲自主的基準等①）は，すでに述べたように，たばこ事業法（39条および40条の趣旨）をより具体化したものです。また，注意文言等の広告表示については，「広告表示マニュアル」，「包装表示マニュアル」，「造作物への注意文言表示マニュアル」といった，さらに具体的な内容を定めたマニュアルを設けています（後掲自主的基準等②〜④）。これらの自主規制により，現在，たばこのテレビCMは行われていません。

参照すべき公的基準等
- 財務省「製造たばこに係る広告を行う際の指針」（平成16年3月8日財務省告示第109号）

参照すべき自主的基準等
① 一般社団法人日本たばこ協会「製造たばこに係る広告，販売促進活動及び包装に関する自主規準」（昭和60年4月策定。平成19年7月27日改定）
② 一般社団法人日本たばこ協会「注意文言等の広告表示に関するマニュアル」（平成16年4月1日改定）
③ 一般社団法人日本たばこ協会「包装表示に関するマニュアル」（平成19年7月27日）
④ 一般社団法人日本たばこ協会「造作物への注意文言表示に関するマニュアル」（平成19年7月27日）

お勧め参考文献
- 伊従・矢部編『広告表示規制法』（前掲）41頁
- 岸・田中・嶋村『現代広告論（第3版）』（前掲）357〜359頁
- 日本広告審査機構『150の声をもとに解説した広告規制の基礎 広告法務Q&A』（前掲）161頁

(AI)

201

第Ⅱ部　広告表示の法的規制　Q&A

Q58　アルコール飲料のテレビCM─景品表示法，自主規制

> **アルコール飲料のテレビCMには，どのような法的規制がありますか。**
>
> **ポイント** 国際的にも節度ある広告が求められていることに留意

A　飲酒は，健康問題だけではなく，飲酒運転のような社会問題にも密接に関連しています。このため，飲酒については，法によって禁止または規制しているものがいくつか存在しています。

このような法的規制などを背景に，酒類の広告宣伝については，その表示や表現が行き過ぎにならないように規制が設けられています。

その基本となるものは景品表示法ですが，さらに，これを補完するものとして，事業者または事業者団体が，景品表示法31条に基づき，**消費者庁および公正取引委員会の認定を受けて設定した業界ルール**（一般に「**公正競争規約**」と呼ばれています）が設けられています。この他，**純然たる自主的な基準**も設けられています。

以上のように，酒類のテレビCMなどは，法的規制（公的基準等を含みます）はもとより，業界の自主的な基準にも従う必要があります。

［検討］

飲酒については，例えば，未成年者飲酒規制法（1条。未成年者の飲酒禁止），酒による迷惑行為の防止等に関する法律（昭和36年6月1日法律第103号），道路交通法（65条。酒気帯び運転の禁止），自動車運転処罰法（2条，3条。危険運転致死傷）などの行政的な規制が存在しています。

また，国際的に見ても，WHOが2010年5月の総会で「アルコールの有害な使用を低減するための世界戦略」を採択し，世界の各国のアルコール業界が自発的な規制を行うことを求めています。

上記を背景に，酒類の製造・輸入・販売については，その宣伝広告が行き過ぎにならないように，すでに述べた公正競争規約が7つ（コード番号38〜44）

202

§4 特定業種・分野における規制

制定されています（第Ⅰ部【基礎編】**参考1** 参照）。

さらに、その徹底を図るため、業界ごとに自主的な基準が設けられています。例えば、酒類の製造販売に係わる8団体で構成する「飲酒に関する協議会」は、「飲酒の広告・宣伝及び種類容器の表示に関する自主基準」（後掲自主的基準等）を策定・実施しています。

この自主基準は、広告・宣伝の際の留意事項として、次の4つの分野について、網羅的に定めています。この協議会に参加している関係事業者は、これを順守する必要があります。

1 未成年者の飲酒防止に関する事項

① 未成年者の飲酒を推奨、連想、誘引する表現を行わない。

② 未成年者を対象にしたテレビ番組、ラジオ番組、新聞、雑誌、インターネット、チラシには広告は行わない。

③ 未成年者を対象としたテレビ番組、ラジオ番組の直前直後には、スポット広告は極力行わない。

④ 未成年者を広告のモデルに使用しない。

⑤ テレビ広告において、25歳未満の者を広告のモデルに使用しない。また、25歳以上であっても、25歳未満に見えるような表現は行わない。

⑥ 主として未成年者にアピールするキャラクター、タレントを広告のモデルに使用しない。

⑦ 主として未成年者が使用する衣類、玩具、ゲーム等に酒類の商品ロゴ、商標を使用しない。

⑧ 酒類を清涼飲料水と誤認させる表現は行わない。

⑨ 未成年者を対象としたキャンペーンは行わない。

⑩ 公共交通機関の車内広告等は行わない

⑪ 小学校、中学校、高等学校の周辺100m以内に、屋外の張替式大型商品広告板は設置しない。

203

第Ⅱ部　広告表示の法的規制　Q&A

2　広告・宣伝の際に使用しない表現（例示）

① 過度の飲酒につながる表現。

② 「イッキ飲み」等の飲酒の無理強いにつながる表現。

③ 飲酒への依存を誘発する表現。

④ 妊娠中や授乳期の飲酒を誘発する表現。

⑤ スポーツ時や入浴時の飲酒を推奨誘発する表現。

⑥ 重大事故につながりやすい作業時の飲酒を誘発する表現。

⑦ 危険な場所など不適切な状況での飲酒を誘発する表現。

⑧ 飲酒運転につながる表現。

⑨ テレビ広告で喉元を通る「ゴクゴク」等の効果音は使用しない。お酒を飲むシーンにおいて喉元アップの描写はしない。

⑩ リサイクルをはじめとする環境保全に反する表現。等々

3　テレビ広告を行わない時間帯

5時00分から18時00分まで（自主規制）。ただし，企業広告およびマナー広告は除きます。なお，酒類の商品の表示，飲酒シーンは禁止されています。

4　ノンアルコール飲料の容器の表示等

未成年者に対しては，上記に準じて規制されています。

なお，酒類が担税物質であるため，財務省（国税庁）も関係しており，未成年者の飲酒防止に関して，国税庁告示（後掲公的基準等①）の中で「酒類の容器又は包装に対する表示」などの要領について表示基準を定めています。

▌参照すべき公的基準等

① 「未成年者の飲酒防止に関する表示基準を定める件」（平成元年11月22日国税庁告示第9号，改正平成27年国税庁告示第14号）

② 「酒類小売業における酒類の表示に関する公正競争規約（コード番号43）」（全国小売酒販組合中央会昭和55年3月28日制定，平成23年2月10日改正）

§4 特定業種・分野における規制

参照すべき自主的基準等

■ 業界8団体による飲酒に関する協議会「飲酒の広告・宣伝及び種類容器の表示に関する自主基準」(昭和63年12月9日制定。直近の改正平成28年7月1日)。

お勧め参考文献

■ 岸・田中・嶋村『現代広告論(第3版)』(前掲) 354～355頁，359～361頁
■ 伊従・矢部編『広告表示規制法』(前掲) 192～201頁
■ 宣伝会議編集部編『デジタルで変わる宣伝広告の基礎』(宣伝会議・2016年) 250～251頁

(TY)

第Ⅱ部　広告表示の法的規制　Q&A

§5 情報化社会への対応

Q59　アフィリエイト広告
―景品表示法，薬機法，健康増進法

アフィリエイト広告について，どのような点に留意が必要ですか。

ポイント　不当表示，誇大広告になるリスクに留意

A　「アフィリエイト広告」とは，自己のサイトに広告主の広告を掲載したサイト運営者（以下「**アフィリエイター**」といいます）に対して，当該サイトを訪れて当該広告を見た消費者が広告の目的である商品購入や資料請求などの行動に及んだ場合に，アフィリエイターに報酬が支払われるという仕組みの，**成果報酬型広告**です。通常，アフィリエイターは，アフィリエイト・サービス・プロバイダー（以下「**ASP**」といいます）と呼ばれる仲介業者を通して広告主の広告を自己のサイトに掲載し，報酬もASPから受け取ることが多いです。

　アフィリエイターは，広告主自身ではありませんが，広告を掲載する者として，法律上，広告の内容にも責任を負う場合があります。また，自己のサイト上に掲載されたアフィリエイト広告から自ら資料請求をする自作自演などにより報酬を不正に入手した場合，ASPや広告主から損害賠償や不当利得返還を請求されるケースもありますので，注意が必要です。

［検討］

1　アフィリエイト広告の仕組み

　一般的には，広告主はアフィリエイターと直接提携するのではなく，**A**で述べたように，ASPを介して提携を行います。具体的には，①広告主が，ASP

§5 情報化社会への対応

に対してアフィリエイターのサイトに掲載する自己の広告を出稿し，②ASP
が，アフィリエイターのサイトに広告主の広告を掲載してもらい，③アフィリ
エイターのサイトでその広告を閲覧（クリック）した消費者が当該広告に基づ
いて広告主の商品・サービスを購入する等の行動に出た場合に，④ASPが，広
告主との取決めに基づき，アフィリエイターに対して一定の報酬を支払う，と
いう仕組みです。

2 法律上の留意点

① 広告主の場合

　アフィリエイト広告の広告主は，アフィリエイターのサイトに掲載される自
己の広告の内容について，景品表示法（以下「景表法」といいます）5条の不
当表示の禁止，医薬品医療機器等法（以下「薬機法」といいます）66条，健康
増進法31条などの誇大広告の禁止に関する規制を受けます。仮にアフィリエイ
ターが広告内容を改変したり，表示の仕方を工夫したこと等によって消費者に
誤認が生じた場合であっても，広告主は原則として規制を免れることはできま
せん。

　また，アフィリエイターは消費者契約法5条の「媒介の委託を受けた第三
者」に該当すると思われますので，アフィリエイターの行為によって消費者に
誤認が生じ，それにより広告主の商品を購入した場合等には，消費者は，広告
主との契約を取り消すことができます（同法5条，4条）。

　したがって，広告主は，自己の出稿する広告が適切に表示されるか，また，
信頼できるアフィリエイターが選定される仕組みになっているかをよく確認し
て，ASPを選択することが重要です。

② アフィリエイター・ASPの場合

　消費者は，アフィリエイターやASPから商品やサービスを直接購入するわけ
ではありません。言い換えれば，アフィリエイターやASPにとって，アフィリ
エイト広告は「自己の供給する商品又は役務の取引」（景表法5条）に関する

第Ⅱ部　広告表示の法的規制　Q&A

広告ではありません。したがって，アフィリエイターやASPは，原則として，景表法の規制は受けません。

もっとも，薬機法66条１項および健康増進法31条では，規制の対象が「何人も」とされており，掲載主体であるアフィリエイターや，場合によってはASPも，この規制の対象となる可能性が十分にあります。

また，アフィリエイターは，消費者契約法５条の「媒介の委託を受けた第三者」に該当すると思われます。

したがって，ASPは，広告主から出稿された広告の内容を審査する仕組みを整える必要があります。また，アフィリエイターも，広告内容の審査体制がしっかりしているASPを選択することが重要です。

③　消費者の場合

アフィリエイトサイトには，クリック数を稼ぐために過剰に閲覧者をあおるような記事も存在します。このような「**あおり記事**」を安易に信じたことについて「重大な過失がある」と認定され，損害賠償の認容額が減額（過失相殺）された判決（後掲参考判例）もありますので，過激な記事はむやみに信じないよう留意する必要があります。

3　契約上の取決め

アフィリエイト広告は，成果報酬型広告であるがゆえに，アフィリエイターが自作自演をするなどして報酬を不正に入手するリスクが想定されます。すなわち，自己のサイト上に掲載されたアフィリエイト広告から自ら広告の目的である商品購入や資料請求を行ったりするケースがあるのです。

この場合，ASPや広告主は，アフィリエイターに対して，不法行為に基づく損害賠償（民法709条）や不当利得返還（同法703条）を請求することができますが，これに加え，アフィリエイターの契約違反を問えるように契約条項を整えておくことが重要です。

また，アフィリエイターのサイトの中には，広告収入を得ることだけを目的

208

§5　情報化社会への対応

に作成された，人気検索ワードを集めただけのサイトや，アダルトサイト，さらには，他人の記事や画像等が無断転載された著作権法違反のサイトなども存在します。このような低品質のサイトに広告が掲載されると，広告のイメージを落とすようなことにもなりかねません。したがって，ASPは，広告掲載先であるアフィリエイターのサイトの質をよく見極めたうえで，アフィリエイターと契約を締結し，また，サイトの質を保つルールを設けることが重要です。また，広告主も，ASPとの契約の中でアフィリエイターのサイトの質を担保させる条項を定めることが望ましいでしょう。

参照すべき公的基準等

- 消費者庁「インターネット消費者取引に係る広告表示に関する景品表示法上の問題点及び留意事項」（平成23年10月28日公表，平成24年5月9日改定）

参照すべき自主的基準等

- 日本アフィリエイト・サービス協会「アフィリエイト・ガイドライン」（平成18年10月19日制定）

参照判例

- 東京地判平成20・10・16「FX常勝バイブル事件」（消費者ニュース78号199頁）

お勧め参考文献

- 宣伝会議編集部編『デジタルで変わる宣伝広告の基礎』（前掲）256〜258頁
- 電通法務マネジメント局編『広告法』（前掲）294頁
- 川越憲治・疋田聡編著『広告とCSR』（前掲）176〜177頁

(YK)

209

第Ⅱ部　広告表示の法的規制　Q&A

Q60　ターゲティング広告—JIAAガイドライン

ターゲティング広告とは，どのような形態の広告をいうのでしょうか。

ポイント　個人情報，プライバシーへの配慮が課題

A　ターゲティング広告とは，広告の対象者（閲覧者またはユーザー）を絞り込み，より的確に，ユーザーが興味や関心を抱いている情報（広告）を配信する手法の１つで，不特定多数者に向けたマス広告とは逆の性質をもちます。主にインターネット広告において用いられ，バナー広告，テキスト広告のほか，映像・音声つきの広告の体裁をとることもあります。

ターゲティング広告としては，１つには，クッキー等によるユーザーの識別を前提に，ウェブサイトにおけるユーザーの過去の閲覧履歴，検索履歴，ID作成時などに登録した属性情報（性別・年齢等），位置情報などといった行動履歴からユーザーの興味や関心または行動などを分析・識別して，各人にふさわしい情報（広告）を配信する仕組みがあります。これは，分析・識別のベースとなる情報に応じて，**行動ターゲティング広告**，**検索連動型広告**，**属性ターゲティング広告**などに分類されます。

一方，ユーザーの識別を前提にしないで，ウェブサイトにあるコンテンツを手動または求めに応じて自動的に一定のカテゴリーに分類して，そのコンテンツと親和性の高い情報（広告）を，ウェブを閲覧しているユーザーに配信する仕組み（**コンテンツ連動型広告**）があります。

［検討］

インターネット広告の規模は急速に拡大し，広告費を見ても，2018年では１兆7,589億円と地上波テレビ広告費の１兆7,848億円に迫る勢いです（2019年電通調べ）。インターネット広告の中でよく目につく**ターゲティング広告**は，新聞や雑誌の広告枠という「スペース」に広告を出すという従来の考え方に基づくものではなく，ユーザーという「人」に広告を出すという考え方に基づく

210

§5 情報化社会への対応

ものです。ウェブサイトにおける情報の分析手法は種々ありますが，この仕組みによる広告のメリットは，特定のジャンルに興味や関心を持っているユーザーに絞って広告を配信しますので，無駄な広告の露出を抑えることができます。また，年齢や性別などの属性情報のみによる広告配信に比べれば広告効果を高めることが期待でき，広告主や媒体（仕組みの提供者）にとってもメリットがあります。

　しかし，ターゲティング広告，特にユーザーの識別を前提にするものの場合，ユーザーにとっては，単なる情報管理の問題にとどまらない，個人識別情報と行動履歴が紐付けられることから生ずる個人情報やプライバシーについて，不安・不信感や薄気味悪さを感じるなど潜在的な問題があります。例えば，書籍の購入履歴や疾病に関する検索履歴，居住地に関する情報（居住地情報）は，個人識別情報と紐付くことで，当人の思想信条や身体，来歴に関する機微情報といったセンシティブな情報になります。

　深刻な問題に至らずとも，過去の行動履歴から意図しないジャンルの広告ばかり表示されれば，たまたまウェブ画面を覗いた第三者の誤解を招いたり，見るたびにうんざりする気持ちになることがあるのも事実です。さらに，この広告の運用が行き過ぎて，万一，消費者に自社の商品を買うよう強制する事態が発生すれば，独占禁止法（優越的地位の乱用）に抵触することもあり得るでしょう。このように，ユーザーの側から見た場合，ターゲティング広告に，デメリットも多々ある（招かざる客である）ことは否定できません。いずれにしても，この広告の運用を誤らないことが肝心であり，いかにしてネット広告を「招かれる客」にするかが，これからの課題です。

　こうした課題の解消に向けて，一般社団法人インターネット広告推進協議会（JIAA）は，インターネット広告ビジネスにおける行動ターゲティング広告について，「行動ターゲティング広告ガイドライン」（後掲自主的基準等）を制定しています。その中で，行動ターゲティング広告とは，行動履歴情報から利用者の興味・嗜好を分析して利用者を小集団（クラスター）に分類し，クラスターごとにインターネット広告を出し分けるサービスで，行動履歴情報の蓄積

第Ⅱ部　広告表示の法的規制　Q&A

を伴うものをいうとされています（3条②）。このガイドラインでは，行動履
歴情報の取扱いにおける透明性の確保，オプトアウト（配信停止）手続などを
定めるとともに，JIAAでは，JIAAの認定を受けた事業者に対してJIAAが指
定する業界共通のアイコンを表示することを要請しています。

▌参照すべき自主的基準等

- 一般社団法人インターネット広告推進協議会「行動ターゲティング広告ガイドラ
イン」（2009年3月制定，最終改正2014年2月）

▌お勧め参考文献

- 岸・田中・嶋村『現代広告論（第3版）』（前掲）142～147頁，276～277頁，288頁
- 総務省情報通信政策研究所「行動ターゲティング広告の経済効果と利用者保護に
関する調査研究　報告書」（平成22年）
- 志村潔『こんな時，どうする「広告の著作権」実用ハンドブック（第2版）』（前
掲）204～207頁
- 宣伝会議編集部編『デジタルで変わる宣伝広告の基礎』（前掲）258～259頁
- 徳久昭彦・永松範之編著『改訂2版 ネット広告ハンドブック』（日本能率協会マ
ネジメントセンター・2016年）126～129頁

(HY)

§5 情報化社会への対応

Q61 メール広告—特電法，特定商取引法

電子メールを用いた広告は，どのように規制されていますか。

ポイント オプトイン規制がなされている

A 「特定電子メールの送信の適正化に関する法律」（以下「特電法」といいます）および「特定商取引法」（以下「特商法」といいます）により，電子メールによる広告は，原則としてあらかじめ受信に同意した者に対してのみ送信が認められています（**オプトイン規制**）。したがって，あらかじめ電子メールの送信に同意していない者に対して，勝手にメールを送ることはできません。また，その後，受信拒否（オプトアウト）の意思表示があった場合にも，以後の送信はできません。

特電法は，いわゆる「**迷惑メール**」の対策を目的としています。他方，特商法は，取引の公正，購入者などの損害防止の観点から一定の取引形態において，電信メールの送信について規制を設けています。そのため，取引態様によっては特電法および特商法の両方の法律の適用があります。

［検討］

1 特電法による規制

① 規制対象となる電子メールおよび規制対象者

「自己又は他人の営業につき広告又は宣伝を行うための手段として送信する電子メール」（特電法2条2号）を送る「**送信者**」および一定の場合において「**送信委託者**」が特電法の規制対象となります。

他方，次のような電子メールは，広告または宣伝のための手段として送信されたものとは考えられないため，規制対象にはならないとされています。

(a) 取引上の条件を案内する事務連絡や料金請求のお知らせなど取引関係に係る通知であって，広告または宣伝の内容を含まず，広告または宣伝の

213

第Ⅱ部　広告表示の法的規制　Q&A

ウェブサイトへの誘導もしない電子メール

(b)　単なる時候の挨拶であって，広告や宣伝の内容を含まず広告または宣伝
のウェブサイトへの誘導もしない電子メール

② **規制の内容**

以下の規定が設けられています。

(a)　取引関係にある者への送信等の一定の場合（同法3条1項2号から4
号）を除いて，あらかじめ送信に同意した者にしか送信できない「**オプト
イン方式**」を送信者に義務づける規定（同法3条1項1号）

(b)　受信者から電子メールを送信することについての同意を取得している旨
を証する記録を保存しておかなければならないとする規定（同法3条2
項）

(c)　あらかじめ電子メールの送信に同意した者から受信拒否（オプトアウ
ト）の通知を受領した場合，以後の電子メールの送信を停止しなければな
らないとする規定（同法3条3項）

(d)　電子メールの送信にあたって一定の事項（例：送信に責任を有する者の
氏名・名称，オプトアウトするための方法等）を正しく表示しなければな
らないとする規定（同法4条）

これらの規制に反した場合や，架空電子メールアドレスをあて先として電子
メールを送信した場合は，措置命令の対象となり（同法7条），措置命令に従
わない場合は送信者（行為者）には懲役もしくは罰金が（同法34条2号または
35条1号），法人には罰金が科されます（37条1号）。また，送信者情報を偽っ
て電子メールを送信した場合には措置命令の対象にもなりますが，それだけで
も罰則の対象となります（同法34条1号，37条1号）。

なお，特電法に関しては，「特定電子メールの送信等に関するガイドライン」
（後掲公的基準等①）に詳細な解説があり，同意の取得方法や電子メールの表
示内容等についても説明がなされています。

§5 情報化社会への対応

2 特商法による規制

① 規制対象となる電子メールおよび規制対象者

特商法は「通信販売」,「連鎖販売取引」および「業務提供誘引販売取引」
(それぞれ同法2条2項,33条1項,51条1項に定義)の3つの取引形態にお
いて,事業者(販売業者など)が商品や役務について電子メールによって広告
する場合の規制を定めています。なお,事業者から特商法が定める電子メール
広告に関する業務を一括して受託している者に対しても規制がかかります(同
法12条の4,36条の4第1項,54条の4)。

② 規制の内容

特商法においても,以下の規定が設けられています。

(a) 一定の場合を除き,**オプトイン方式**が採用されています(同法12条の3
第1項,36条の3第1項,54条の3第1項)。

(b) 受信者の電子メールの送信についての承諾または請求があったことの記
録を保存しておかなければならないとする規定(同法12条の3第3項,36
条の3第3項,54条の3第3項)

(c) 受信者からオプトアウトされた場合には以降電子メールを送ってはなら
ないとする規定(同法12条の3第2項,36条の3第2項,54条の3第2
項)

(d) オプトアウトをするための方法と特商法の対象となる取引においてメー
ル広告に限らず一般的に求められている表示事項を表示しなければならな
いとする規定(12条の3第4項,36条の3第4項,54条の3第4項)

これらに違反した場合は,指示または業務停止命令などの行政処分の対象と
なる(同法14条,15条,38条,39条,56条,57条など)ほか,罰金(ただし,
表示義務違反の場合は懲役もしくは罰金または両者を併科)の対象となります
(同法72条)。

なお,オプトアウトの方法の表示方法等については,後掲公的基準等②のガ

215

第Ⅱ部　広告表示の法的規制　Q&A

イドラインが出されています。

参照すべき公的基準等

① 総務省総合通信基盤局消費者行政課・消費者庁取引対策課「特定電子メールの送信等に関するガイドライン」（平成23年8月）
② 経済産業省「電子メール広告をすることの承諾・請求の取得等に係る『容易に認識できるよう表示していないこと』に係るガイドライン」
③ 総務省・消費者庁・一般財団法人日本データ通信協会「特定電子メール送信の適正化等に関する法律のポイント」（平成30年7月）
④ 消費者庁HP「特定商取引ガイド」

お勧め参考文献

■ 奈良恒則監修『特定商取引法・景品表示法のしくみと対策』（前掲）91〜95頁
■ 圓山茂夫『詳解　特定商取引法の理論と実務〔第4版〕』（前掲）337〜344頁，453〜454頁，618頁

(AI)

§5 情報化社会への対応

Q62 インターネット・オークション
—特定商取引法，景品表示法

インターネット・オークションにおける表示規制について教えてください。

ポイント 広告表示事項・不当表示の禁止等の規制に反しないよう注意

A インターネット・オークションとは，インターネットを利用して行われる競売（オークション）を意味します。オンライン・ショッピングなどと並ぶ電子商取引の一種です。インターネット・オークションの一般的な流れは次のとおりです。

出品者は，出品する商品の情報をオークションサイトに掲載します。オークションの期間中，入札者はインターネット上で入札を行います。オークションの期間が終了すると，各入札者の入札価格に応じて，落札者および落札価格が確定されます。オークションサイトの運営事業者は，出品者に対して，出品料の支払いを求める場合があります。また，落札者に対して，落札手数料の支払いを求める場合もあります。一方，オークションサイト運営事業者が入札者に対して入札手数料の支払いを求める，いわゆる「ペニーオークション」は，現在は日本に存在しません。

インターネット・オークションに出品する場合，出品者には，原則として特定商取引法（以下「特商法」といいます）や景品表示法（以下「景表法」といいます）の規制がかかります。

[検討]

1 特定商取引法

インターネット・オークションは，特商法上，「通信販売」に該当するとされています（後掲公的基準等①）。

特商法の規制対象は「事業者」とされていますが，営利の意思を持って反復

217

第Ⅱ部　広告表示の法的規制　Q&A

継続して販売を行う場合は，法人・個人問わず事業者に該当し，特商法の規制対象となります。「営利の意思を持って反復継続して」取引を行っているといえるか否かは，転売目的の有無や，出品頻度，落札額などを基に客観的，総合的に判断されます（詳細については，後掲公的基準等②Ⅰ章7-5）。したがって，インターネット・オークションに出品する際は，個人であっても，一定の場合には特商法の規制対象として扱われることを想定して，必要的広告表示事項の表示（11条）および誇大広告の禁止（12条）などの義務を履行することが重要です。特商法については，消費者庁のホームページにある「特定商取引ガイド」（後掲公的基準等③）に詳しい説明がありますので，必要に応じて参照してください。

2　景品表示法

　出品者がオークションサイトに掲載した表示が実際と著しく異なり，入札者の誤認を招くものであった場合，当該表示は優良誤認表示・有利誤認表示等の不当表示（景品表示法5条に該当し，出品者が同法に違反することとなります（後掲公的基準等④）。

　景表法においても，規制対象は「事業者」とされています（5条）が，同法における「事業者」は特商法の定義とは異なり，「商業，工業，金融業その他の事業を行う者」とされています（同法2条1項）。ただし，個人であっても，この定義に当たれば事業者として規制対象となる点については，特商法と同様です（後掲公的基準等②Ⅰ章7-5参照）。

　したがって，インターネット・オークションに出品する場合は，法人・個人問わず，景表法の規制も順守することが肝要です。

　また，入札者と出品者だけでなく，入札者とオークションサイト運営事業者との間にも取引が生じる場合，オークションサイト運営事業者にも景表法の規制がかかる場合があります。

　例えば，入札者が入札するたびにオークションサイト運営事業者に対して手数料を支払う必要がある，いわゆる**ペニーオークション**について，オーク

§5 情報化社会への対応

ションサイト運営事業者に対して景表法に基づく措置命令が出された事例があります（2011年（平成23年）3月31日，ペニーオークション事業者3社（アギト，DMM.com，およびゼロオク）に対する措置命令）。ペニーオークションでは，入札の開始時の金額は低く，また，1回の入札で引き上げられる金額も少額に固定されており，多数回の入札があっても落札価格そのものは安くなりますが，落札までに要した手数料が加算されますので，市場で商品を買った場合よりも高くなる場合があります。さらに，落札されなかった場合でも手数料は一切返還されませんので，丸損になってしまう場合があります。先に述べた措置命令の事案では，上述のような仕組みにもかかわらず，入札手数料について詳しく説明することなく，商品の価格が著しく安価になると誤認させる表示がされていました。

なお，ペニーオークションについては，2012年12月に詐欺事件が発生したことから社会問題化し，現在，日本にペニーオークションサイトは存在しません。

参照すべき公的基準等
① 経済産業省通達「インターネット・オークションにおける『販売業者』に係るガイドライン」（平成18年1月30日制定）
② 経済産業省「電子商取引及び情報財取引等に関する準則」（平成14年3月制定，平成29年6月改訂）
③ 消費者庁HP「特定商取引ガイド」
④ 公正取引委員会「消費者向け電子商取引における表示についての景品表示法上の問題点と留意事項」（平成14年6月5日制定，平成15年8月29日一部改正）

お勧め参考文献
■ 奈良恒則監修『特定商取引法・景品表示法のしくみと対策』（前掲）73〜75頁

(YK)

第Ⅱ部　広告表示の法的規制　Q&A

Q63　ステルスマーケティングの規制
　　　—薬機法，景品表示法

> ステルスマーケティング（ステマ）を利用した商品の推奨広告は問題ありませんか。
>
> **ポイント**　用いてはならないリスクの高い広告手法の１つ

A　大いに問題があります。実際には商品の「推奨広告」でありながら，有名なタレント等の名を借りて，あたかも個人の中立的な感想や意見であるかのような体裁で商品を宣伝する手法は，よく話題になる「ステルスマーケティング（ステマ）」に該当するおそれがあります。ステルスマーケティングとは，「マーケティングの手法のうち，それが宣伝であると消費者に悟られないように行う，やらせ宣伝行為のこと」をいいますが，この行為そのものを直接規制する法令はなく，これが直ちに法規制に抵触するとはいえません。しかし，実質的に「広告」に該当するにもかかわらず，広告主の明示がなく，商品に対する責任の所在が不明確であるばかりか，**消費者をだます行為**であり，ステルスマーケティングとして，社会的・道義的に非難を受ける行為となります。

［検討］

　消費者庁は，「インターネット消費者取引に係る広告表示に関する景品表示法上の問題点及び留意事項」（ガイドライン）（後掲公的基準等①）の第2−2の中で，「口コミ情報を自ら掲載し，または第三者に依頼して掲載させ，実際よりも著しく優良または有利であると一般消費者に誤認されるものである場合には，景品表示法上の不当表示として問題になる」と規定しています。

　次に，ブログに記載されている商品が化粧品やサプリメントの場合，このようなやり方は，それぞれ関係する法令に抵触する可能性があります。例えば，前者の場合，「シミが消えた」などの感想が記載されていると，医薬品医療機器等法（以下「薬機法」といいます）（66条1項）の「誇大広告」や同法（68

§5 情報化社会への対応

条）の「承認前の医薬品等の広告の禁止」の規制対象になるおそれは十分にあります。また，後者の場合，「若返り効果」などの感想が述べられていると，合理的根拠がなければ，景品表示法（5条1号）の「不当な表示の禁止・優良誤認」に抵触するおそれがあります。したがって，タレントなどの有名人のブログなどを広告に利用する場合には，その記事を見た人が「個人の感想」か「商品の広告」を明確に認識できるようにする必要があります。また，「広告」に該当する場合には，上記の関連法規の規定に従うことも必要となります。

　同様なことが，**グルメサイト**の「**口コミ情報**」にも当てはまります。この情報サイトにおいて，その飲食店を経営している事業主が，顧客を装って，自己の飲食店で提供している料理について実際よりも著しく良い内容の書き込みをした場合には，景品表示法（5条1号，優良誤認）に抵触することになります。また，有名人に依頼して，あたかも自分の体験や感想のような体裁を装って口コミサイトに記事を書いてもらうことは，広告主を明示せずに実質的に「広告」を実施することにほかなりませんので，ステルスマーケティング行為の一種とみなされ，また，上記と同様に，法に抵触する場合が生じます。

　さらに，ウェブサイト上の口コミ情報に基づき，医療機関の治療の内容または効果に関する体験談やそれに基づくランキング付けなどを掲載する広告も，虚偽，誇大または比較優良広告に該当する可能性があるとして禁止されています（「医療広告ガイドライン等について」（後掲公的基準等②）および「医療広告ガイドラインに関するQ&A」（後掲公的基準等③）のQ2－9およびQ2－10参照）。

　なお，WOMマーケティング協議会（口コミマーケティングに関係している個人や企業が加盟）は，自主規制「WOMJガイドライン」（後掲自主的基準等①）を策定し，「公認マーク」の表示などのルールを定め，業務運営の適正化に努めています。また，日本弁護士連合会は，業界の自主基準にも限界があるとの見地から，ステルスマーケティングによる表示を規制するための「指定告示」（景品表示法5条3号に基づくもの）を新たに設けるよう要望する「意見書」（後掲自主的基準等②）を，2017年（平成29年）2月16日付で消費者庁に

221

第Ⅱ部　広告表示の法的規制　Q&A

提出しています。

▎参照すべき公的基準等

① 消費者庁「インターネット消費者取引に係る広告表示に関する景品表示法上の問題点及び留意事項」（平成23年10月28日，平成24年5月9日一部改定）

② 厚生労働省「医業若しくは歯科医業又は病院若しくは診療所に関する広告等に関する指針（医療広告ガイドライン）等について」（平成30年5月8日厚生労働省医政発第0508第1号）

③ 厚生労働省「医療広告ガイドラインに関するQ&Aについて」（平成30年8月10日制定。改訂平成30年10月24日付厚生労働省医政局総務課事務連絡）

▎参照すべき自主的基準等

① WOMマーケティング協会「WOMJガイドラインFAQ」（2017年12月4日公表）

② 日本弁護士連合会「ステルスマーケティングの規制に関する意見書」（2017年（平成29年）2月16日付）

▎お勧め参考文献

■ 電通法務マネジメント局編『広告法』（前掲）24頁，36頁，171頁

■ 大元慎二編著『景品表示法（第5版）』（前掲）325頁

■ 宣伝会議編集部編『デジタルで変わる宣伝広告の基礎』（前掲）255～256頁

■ 古川昌平『エッセンス景品表示法』（前掲）121～122頁

■ 森亮二「インターネット広告における法規制の全体像」（Business Law Journal No.49, 2012 April）49頁，54～55頁

(TY)

222

§5　情報化社会への対応

Q64　インターネット上のショッピングモールにおける広告
―景品表示法，電子通信事業法

インターネット上のショッピングモールにおける商品の広告は，どのように扱われますか。

ポイント　商品広告か，企業広告かによってリスクと扱いが異なる

A　インターネット上の「ショッピングモール」を「取引の場」として利用した出店店舗の商品広告については**景品表示法が適用**され，下記のように，同法5条に違反する事件が発生し，出店店舗に対し消費者庁によって措置命令が出されています（平成21年10月1日，消費者庁に関係業務が移管されました。移管前は，公正取引委員会による「排除命令」でした）。

　しかし，ショッピングモールの運営事業者の主たる機能は，「場の提供」や「サービスやシステムの基盤の提供」であり，個々の出店店舗における取引には関与せず，また，販売される商品の在庫を持ったり，注文を受けたり，配送を行ったりしません。このため，出店店舗と共同キャンペーンを行うなど，商品等の販売を共同で行い，また，共同で広告を行っている場合を除いて，モールの運営事業者は，通常，**景品表示法上の「事業者」**（**自己の商品または役務の取引を行う者**）に該当しないと解され（「管理措置指針Q&A」（後掲公的基準等②）Q7の回答参照），原則として，景品表示法による規制の対象とはなりません。したがって，モール運営事業者の広告は，通常，商品広告ではなく，企業広告，すなわちショッピングモールのイメージ全体を向上させ，結果として，モールへの出品商品の信頼を獲得し，消費者による購買につなげることを目的としたものに該当することになります。

[検討]
　インターネット上のショッピングモールにおける広告にかかる**過去の主な事件**は下記のとおりです。

223

① **本間ゴルフ事件：平成13年2月28日　排除命令**

インターネット上の広告について景品表示法違反として排除命令が出された，はじめてのケースといわれています。「ヤフー・ショッピング」および「楽天市場」において定価と特売価格の「二重価格表示」を行ったが，**定価の表示が妥当ではなく**，特売価格を著しく安く見せかける表示に該当する**「有利誤認」**と認定されました。

② **アルザン事件：平成17年10月27日　排除命令**

自転車または原動機付自転車として，公道を走れるかのように表示していましたが，実際は，道路運送車両法に規定する保安基準を満たしていませんでした。

③ **アクスト事件：平成17年10月27日　排除命令**

電動自転車に関するもので，内容は，上記②に同じ。

④ **ウスケ・コーポレーション事件：平成20年8月5日　警告**

手延べそうめんに「名水百選」の水を用いているように表示していたが，実際には用いていませんでした。

⑤ **QVCジャパン事件：平成21年1月14日　排除命令**

木製のスプーンで漆のみの塗装と表示していたが，実際はプラスチック製で，ウレタン樹脂を塗装したものでした。

最近の有名な事件といえば，平成26年11月の，プロ野球楽天イーグルスの優勝に絡んだ「日本一セール」をめぐる「楽天市場」における「二重価格」問題が挙げられます。本来の割引率より大きな割引をしたと見せかけた**「有利誤認」**の事件です。このセールは，楽天市場の運営者と各出店店舗の「共同表示・共同販売」を行ったものでないため，楽天市場の運営会社に対して景品表示法に基づく法的責任を問うことはできませんでした。しかし，このイベントの企画には，当初から楽天市場の運営会社も深く関与しており，また，楽天市場の運営会社がイベントにおける出店店舗の管理に配慮に欠ける手落ちがあったことを認めて謝罪したため，事件は落着し，消費者庁による行政処分には至

§5　情報化社会への対応

りませんでした。

　消費者庁の「News Release」（平成28年6月17日付）によると，平成27年度に措置命令を行った計13件のうち，該当する案件は，「ペルシャン・オート事件」（中古車の骨格部位の修復歴を偽ったもの）が1件含まれています。

　また，平成29年6月30日付の「News Release」によると，平成28年度に措置命令を行った事件は計27件ですが，インターネット上のショッピングモールが関係しているものは含まれていません。

　さらに，平成29年度のNews Release（平成30年6月15日付）によると，措置命令を行った事件は計50件ですが，インターネット上のショッピングモールが関係しているものは含まれていません。ただし，Releaseには，消費者向け電子商取引の健全な発展と消費者取引の適正化を図る観点から，実態調査を実施し，916件のインターネット上の広告表示のうち，188サイト（172事業者）に対して，景品表示法違反行為の未然防止の観点から啓発のメールを送信した，と記載されています。

　現状，**商法23条（名板貸し）を類推適用**して，消費者がモール運営事業者に対して売主責任を求めてくるような状況にあるとは思われません。しかし，モール運営事業者におけるリスクマネジメント（具体的なリスク対応）としては，市場運営に重大な影響を及ぼす一定の事項について，事前協議や事前審査ができるよう，出店店舗との出店契約のなかで明確に取り決めておく必要があります。また，モール運営事業者は，出店店舗が作成した商品情報をそのまま消費者に提供していますので，その行為は，「仮想店舗」という場の提供を通じて，出店店舗の広告を掲載する広告媒体としての機能を果たしていることになります。モール運営事業者として，出店店舗が作成した商品情報の真実性を調査・確認する注意義務を負わねばならない状況に置かれているわけではありませんが，**このような広告媒体機能を果たしている事実を自覚しておく必要がある**と思われます。

225

第Ⅱ部　広告表示の法的規制　Q&A

参照すべき公的基準等

① 内閣府「事業者が講ずべき景品類の提供及び表示の管理上の措置についての指針（管理措置指針）」（平成26年11月14日告示第276号。改正：平成28年4月1日告示第125号）
② 消費者庁HP「指針（管理措置指針）に関するQ&A」

お勧め参考文献

■ 古川昌平『エッセンス景品表示法』（前掲）54頁
■ 田島正広監修『インターネット新時代の法律実務Q&A（第3版）』（日本加除出版・2017年）263頁

(TY)

§5 情報化社会への対応

Q65　広告表示規制とリスクマネジメント―CSR，広告倫理

広告表示の規制において，広告主企業に求められている最も重要なもの
は何ですか。

ポイント　社会性の高揚とリスク管理能力の向上が問われる時代。

A　第Ⅰ部【基礎編】でも述べましたが，広告表示規制は広告倫理を前提に
したものです。すなわち，**広告倫理の基本領域**は自己と他人の間に存在するも
のであり，広告を発信する者（広告主企業）が求められている**倫理＝姿勢**は，
単に広告表示について法律違反をしないだけではなく，自らが置かれている立
場，すなわち「社会との調和（いわゆるCSR（Corporate Social Responsibility）
の理念）」に即したものであり，かつ，CSRの理念を高揚するものでなければ
なりません。これをテレビCMの場合に当てはめて表現すれば，放送電波は，
国民全体の共有財産ですから，広告主は，視聴者全体を意識した配慮を常に求
められることになります。

　こうしたことを確実なものにするためには，企業規模の大小に関係なく，自
己の製品を広告表示する際には，虚偽を排し，事実に従い，必要な情報を消費
者に的確に伝達することが求められます。また，準拠すべき価値基準も，法令
や公正競争規約のような**公的基準**の順守だけではなく，業界の自主規制のよう
な**自主的基準**や，社会通念や広告主企業としての経営理念などの**社会規範**を踏
まえたものであることが必要です。これが，**広告主企業に求められているこれ
からの広告倫理**であり，**広告表示におけるコンプライアンス**であり，その実践
としてのリスクマネジメントの原点であると考えます。

［検討］

1　広告表示規制とその順守の必要性

　広告主企業が，すでに述べた「広告主企業に求められている広告倫理」に

227

則った適正な表示を基礎に，商品・役務の品質や価格に関して適切な広告を行えば，その情報の消費者に対する信頼性が高まり，その商品・役務が消費者を吸引する力も高まり，広告表示が，広告主企業と消費者との間の橋渡しの機能を確実に果たすことになります。

しかし，広告主企業間の競争上，**広告表示には**，一定の強調や誇張が介在しやすく，許容限度を超えた誇張表示や虚偽内容の表示に陥りやすいという**一般的な危険性**があります。例えば，技術の進歩を悪用して著名人の画像を作り替え，これをインターネット通販などの広告に悪用する「フェーク広告」が増えています。これは著作権法違反であり，許されることではありません。このため，社会制度として，一方で広告表示の適正な活動を支援しながら，他方で，法規制などにより不当な広告表示を排除し，消費者を保護することが必要になります。ここに，広告表示の規制とその順守，すなわち**コンプライアンスを必要とする背景**があります。

広告表示のコンプライアンスについては，これを一般に広く規制対象にしている法律として，「景品表示法」が存在していますが，ここまでの多くのQ&Aで検討してきたように，この法律の規定自体がかなり抽象的に定められていますので，実務上は，関係法令はもとより，行政機関の省令，告示，通達や官民合同の公正競争規約を含む「公的な基準等」にも注意を払って，広告表示の適否を判断する必要があります。同時に，業界の自主規制ルールなどのいわゆる「ソフトロー」に対しても十分な配慮が必要です。

2 広告表示規制とリスクマネジメントの必要性

リスクマネジメントとは，コンプライアンスを実践するための具体的な対応とその対策や手続を意味します。すなわち，予防法務的な体制を構築することにより，コンプライアンス違反を事前に防ぎ，また，不幸にしてコンプライアンス違反が発生した際には，迅速かつ適切に処理する実務対応が，リスクマネジメントの中核的な役割です。広告表示を例に取れば，自社で制作したものであれ，外部の専門家に依頼して制作したものであれ，起案した者以外の第三者

§5 情報化社会への対応

が，掲載の前に必ずその内容をチェックする**相互牽制の仕組みが不可欠**です。このような対応は，一見，消極的なものに思われがちですが，こうした小さな行動を積み重ねてゆく姿勢が，やがて消費者や市場全体からの社会的・営業的な信用を高め，ひいては企業価値や企業イメージの向上につながる可能性を秘めています。また，こうした**地道な行動の継続的な蓄積**がなければ，広告主企業としての**CSRの基礎を形成する**ことはできず，**社会への貢献という能動的な行動**もできません。身近なこととして，広告表示についてのコンプライアンス違反（虚偽表示や誇大広告）によって，消費者や取引先からの信用を著しく失い，遂には市場からの撤退を余儀なくされた事例（ミートホープ事件や雪印食品の食肉偽装事件など）を，今までに我々は経験してきました。このことに思いをいたせば，広告表示におけるリスクマネジメントの役割がいかに重要であるかは，容易に理解できると考えます。

　なお，リスクマネジメントの体制を有効に機能させるには，それを**企業のガバナンスと有機的に結びつける**ことも必要です。企業のガバナンスは，企業トップのリーダーシップのもとに行われるマネジメント全般を意味しますが，これとの連携やこれによるサポートを欠いた広告規制に対するリスク対応では，単なる建前，すなわち［お題目］に終わってしまう危険性があります。このリスクを自覚して活動することが，経営トップをはじめとする関係者に求められます。

お勧め参考文献

- 伊従・矢部編『広告表示規制法』（前掲）652〜677頁
- 川越憲治・疋田聰編著『広告とCSR』（前掲）302〜314頁
- 岡田米蔵『広告倫理の構築論─人工的体系の構造と実践行動』（創英社／三省堂書店・2017年）6頁，37〜39頁
- 水野由多加編著『広告表現　倫理と実務』（宣伝会議・2009年）60〜62頁
- 宣伝会議編集部編『デジタルで変わる宣伝広告の基礎』（前掲）240頁

(TY)

229

お勧め参考文献一覧

青山紘一『不正競争防止法（第6版）』（法学書院・2010年）

赤羽根秀宜『Q&A医薬品・医療機器・健康食品等に関する法律と実務』（日本加除出版・2018年）

足立勝『アンブッシュマーケティング規制法』（創耕舎・2016年）

石川直基ほか『基礎からわかる新・食品表示の法律・実務ガイドブック』（レクシスネクシス・ジャパン・2014年）

伊従寛・矢部丈太郎編『広告表示規制法』（青林書院・2009年）

稲穂健市『楽しく学べる「知財」入門』（講談社現代新書・2017年）

牛木理一『キャラクター戦略と商品化権』（発明協会・2000年）

愛知靖之ほか『LEGAL QUEST 知的財産法』（有斐閣・2018年）

大元慎二編著『景品表示法（第5版）』（商事法務・2017年）

大元慎二編著『打消し表示の実態と景品表示法の考え方—調査報告書と要点解説』（商事法務・2017年）

大家重夫『肖像権（改訂新版）』（太田出版・2011年）

岡田米蔵編『わかりやすい広告六法』（日刊工業新聞社・1996年）

岡田米蔵『広告倫理の構築論—人工的体系の構造と実践行動』（創英社／三省堂書店・2017年）

岡田米蔵・梁瀬和男『広告法規（新訂第一版）』（商事法務・2006年）

梶山晧『広告入門（第5版）』（日経文庫・2007年）

加戸守行『著作権法逐条講義（六訂新版）』（著作権情報センター・2013年）

加藤公司ほか編『景品表示法の法律相談（改訂版）』（青林書院・2018年）

金井重彦『パブリシティ権』（経済産業調査会・2003年）

川井克倭・地頭所五男『Q&A景品表示法（改訂版第二版）』（青林書院・2009年）

川越憲治・疋田聰編著『広告とCSR』（生産性出版・2007年）

岸志津恵・田中洋・嶋村和恵『現代広告論（第3版）』（有斐閣・2017年）

木ノ元直樹『PL法（製造物責任法）の知識とQ&A（改訂第2版）』（法学書院・2009年）

作花文雄『詳解著作権法（第5版）』（ぎょうせい・2018年）

島並良・上野達弘・横山久芳『著作権法入門（第2版）』（有斐閣・2016年）

志村潔『こんな時，どうする「広告の著作権」実用ハンドブック（第2版）』（太田出版・2018年）

宣伝会議編集部編『デジタルで変わる宣伝広告の基礎』（宣伝会議・2016年）

田島正広監修『インターネット新時代の法律実務Q&A（第3版）』（日本加除出版・2017年）

高林龍『標準・著作権法（第3版）』（有斐閣・2016年）

茶園成樹編『商標法（第2版）』（有斐閣・2018年）

231

佃克彦『プライバシー権・肖像権の法律実務（第2版）』（弘文堂・2010年）

TMI総合法律事務所編『著作権の法律相談Ⅰ』（青林書院・2016年）

TMI総合法律事務所編『著作権の法律相談Ⅱ』（青林書院・2016年）

電通法務マネジメント局編『広告法』（商事法務・2017年）

徳久昭彦・永松範之編著『改訂2版 ネット広告ハンドブック』（日本能率協会マネジメントセンター・2016年）

豊田彰『パブリシティの権利Ⅱ』（日本評論社・2007年）

内藤篤・田代貞之『パブリシティ権概説（第3版）』（木鐸社・2014年）

奈良恒則監修『特定商取引法・景品表示法のしくみと対策』（三修社・2016年）

日本広告審査機構『150の声をもとに解説した広告規制の基礎 広告法務Q&A』（宣伝会議・2014年）

日本フードスペシャリスト協会編『食品表示—食品表示法に基づく制度とその実際』（建帛社・2016年）

長谷部恭男・山口いつ子・宍戸常寿編『メディア判例百選（第2版）』（有斐閣・2018年）

林田学『景品表示法の新制度で課徴金を受けない3つの最新広告戦略』（河出書房新社・2016年）

半田正夫ほか編『著作権法コンメンタール（第2版）』（勁草書房・2015年）

古川昌平『エッセンス景品表示法』（商事法務・2018年）

松坂佐一『民法提要総則（第三版・増訂）』（有斐閣・1982年）

松村信夫『新・不正競業訴訟の法理と実務』（民事法研究会・2014年）

㈱まわた編『見やすい食品表示基準Q&A（2017年改正版）』（まわた・2017年）

㈱まわた編『見やすい食品表示基準について（2017年改正版）』（まわた・2017年）

圓山茂夫『詳解 特定商取引法の理論と実務〔第4版〕』（民事法研究会・2018年）

水野由多加編著『広告表現 倫理と実務』（宣伝会議・2009年）

村千鶴子『Q&Aケースでわかる市民のための消費者契約法（第5版）』（中央経済社・2016年）

森田満樹編著『食材偽装』（ぎょうせい・2014年）

森田満樹編著『食品表示法ガイドブック』（ぎょうせい・2016年）

結城哲彦「デジタルコンテンツの著作権Q&A」（中央経済社・2014年）

雪丸真吾ほか『コンテンツ別ウェブサイトの著作権』（中央経済社・2018年）

索　引

■欧文・数字

92年ACC合意 ……………………… 177
ACCルール ……………………… 177
ASP ……………………………… 206
CSR ……………………………………… 8
CSRの理念 ……………………… 227
No.1 …………………………… 109
OTC医薬品等の適正広告ガイドライン
………………………………………… 34
PR ………………………………………… 3
WOMJガイドライン ……………… 221

■あ　行

アウトサイダー ……………… 40, 102
あおり記事 ……………………… 208
アナフィラキシーショック ……… 74
アフィリエイター ………… 206, 207
アフィリエイト・サービス・プロバイ
　ダー ……………………………… 206
アフィリエイト広告 …………… 206
アポイントメントセールス ……… 58
アルコールの有害な使用を低減するた
　めの世界戦略 ………………… 202
アレルギー ………………………… 74
アレルギー物質 ……………… 74, 75
アレルゲン ………………………… 74
アンブッシュマーケティング ……… 162
あん摩 ……………………………… 51
医業類似行為 ……………………… 51
居座り ……………………………… 58
一条校 …………………………… 193
著しく ……………………………… 37

一般懸賞 ………………………… 131
一般消費者 ……………………… 9, 31
一般用医薬品 ……………………… 34
一般用加工食品 ………… 68, 75, 103
医薬品等適正広告基準
　………………… 30, 34, 39, 183, 184
医薬部外品 ………………………… 33
医療広告ガイドライン …………… 42
医療類似行為 ……………………… 51
インサイダー ……………………… 40
飲酒 ……………………………… 202
飲酒運転 ………………………… 202
飲酒の広告・宣伝及び種類容器の表示
　に関する自主基準 …………… 203
インターネット・オークション …… 217
インターネット社会 ……………… 5, 6
引用 ……………………………… 83, 159
打消し表示 ………………… 124, 125
映画製作者 ……………… 176, 177
映画の著作物 …………… 176, 177
営業表示 ……………………………… 3
営業マン募集 …………………… 138
栄養機能食品 ………………… 64, 66
栄養成分 …………………………… 68
栄養成分の補給 …………………… 70
役務表示 ……………………………… 3
エステティック業 ………………… 48
エステティック業統一自主基準 … 48, 49
エステティックの広告表記に関するガ
　イドライン ……………………… 49
オーガニック ……………………… 78
屋外広告 ………………… 112, 180
屋外広告物 ……………………… 112

233

屋外広告物条例ガイドライン	……… 113	
屋外広告倫理綱領	……………… 113	
オゾンにやさしい	…………………… 89	
おとり広告	………………………… 92, 93	
おとり広告に関する表示	……… 91, 92	
オプトアウト	……………………… 215	
オプトイン規制	…………………… 213	
オプトイン方式	……………… 214, 215	
オリジナル・キャラクター	……… 167, 168	

■か　行

カード合わせ	……………………… 132
回復処分請求	……………………… 141
カイロプラクティック	……… 51, 52, 53
カイロプラクティックの広告に関する	
ガイドライン	……………………… 52
価格誤表示	………………………… 135
価格表示ガイドライン	…………… 121
学習塾	……………………………… 115
学習塾業界における事業活動の適正化	
に関する自主基準	…………… 116, 195
各種学校	…………………………… 193
加工食品	…………………………… 94
囲み記事	…………………………… 160
果実飲料規約	……………………… 106
果実飲料等の表示に関する公正競争規	
約	………………………………… 106
過失相殺	…………………………… 208
果汁０％	…………………………… 107
果汁飲料等の表示に関する公正競争規	
約	………………………………… 104
果汁ゼロ	…………………………… 107
果汁を含まず	……………………… 107
仮想店舗	…………………………… 225
過大包装	……………………… 118, 119
過大包装基準	……………………… 119
課徴金	……………………………… 92

課徴金制度	………………………… 12
課徴金納付命令	……… 11, 33, 38, 115, 127
学校	………………………………… 193
環境に安全	………………………… 89
環境にやさしい	…………………… 89
環境表示ガイドライン	…………… 88
観光土産品に関する公正競争規約	… 119
勧告命令	…………………………… 37
間接差別	…………………………… 138
勧誘	………………………… 18, 19, 62
管理措置指針Q&A	………………… 223
規格基準型	………………………… 66
企業広告	…………………………… 223
企業のガバナンス	………………… 229
企業表示	…………………………… 3
期限のリスク	……………………… 61
寄稿文	……………………… 159, 160
記事の見出し	……………………… 160
規制緩和	…………………………… 189
起点	………………………………… 101
機能性表示食品	…………………… 64
キャッチコピー	……………… 164, 165
キャッチセールス	………………… 58
キャラクター	……………………… 167
ギャンブル性	……………………… 196
キャンペーン	……………………… 3
きゅう	……………………………… 51
求人広告掲載基準	………………… 139
行政指導	…………………………… 37
行政処分	…………………………… 63
強調表示	……………………… 124, 125
共同懸賞	…………………………… 131
業務提供誘引販売取引	…………… 215
業務停止命令	……………………… 73
業務用加工食品	…………………… 95
虚偽	……………………… 5, 8, 12, 34
虚偽事実の陳述流布	……………… 84

索　引

居住地情報 ……………………… 211	広告宣伝 ………………………… 3, 143
クーリング・オフ ……………… 111	広告代理店 ……………………………… 7
クーリング・オフ制度 ………… 55, 58	広告主 ……………………………………… 7
口コミ情報 ……………………… 221	広告媒体会社 …………………………… 7
国別重量順表示 …………………… 94	広告表示 ………………………… 5, 228
グリーン ………………………… 89	広告表示におけるコンプライアンス
グルメサイト …………………… 221	……………………………………… 227
経営理念 ………………………… 227	広告法 ……………………………………… 7
警告表示 …………………………… 86	広告倫理 ………………………… 227
景品類の規制 …………………… 130	広告六法 ………………………………… 7
契約違反 ………………………… 208	公正競争規約 ………… 7, 13, 102, 109
契約取消権 ………………………… 15	交通広告 ………………………… 112
鶏卵の表示に関する公正競争規約 … 104	公的基準等 ……………………… 7, 13
化粧品等の適正広告ガイドライン … 39	行動ターゲティング広告 … 210, 211
化粧品の表示に関する公正競争規約 … 40	行動ターゲティング広告ガイドライン
欠陥 ………………………………… 85	……………………………………… 211
健康食品 ………………………… 36, 183	広報活動 …………………………………… 3
健康食品ガイドライン …………… 36	合理的な根拠 …………………… 33, 34
言語の著作物 …………………… 159	顧客吸引力 ………… 144, 148, 161
検索連動型広告 ………………… 210	顧客志向 …………………………………… 2
原産国 ……………………………… 95	顧客誘引力 ……………………… 147
原産国告示 ……………………… 98, 100	国内一般用加工食品 ……………… 94
「原産国告示」に関する運用基準 … 99	個人識別情報 …………………… 211
原産国名 ………………………… 95, 98	誇大 ………………………… 5, 8, 12, 34
原産国名の表示 …………………… 94	滑稽化 …………………………… 173
原産地 ……………………………… 96	骨盤矯正 …………………………… 51
懸賞 ………………………………… 131	コンテンツ連動型広告 ………… 210
建築の著作物 …………………… 156, 157	混同 ……………………………… 161
厳密な因果関係 …………………… 86	コンプガチャ …………………… 132
原料原産地名 ……………………… 95	コンプライアンス ……………… 8, 228
合格者数の水増し表示 ………… 195	
広告 ………………………… 2, 4, 5	■ さ　行
広告映像 ………………………… 143	再許諾 …………………………… 171
広告会社 …………………………………… 7	最近まで ………………………… 122
広告審査に係る審査基準 ……… 186, 187	最高 ……………………………… 109
広告制作会社 …………………………… 7	最高級を意味する用語 ………… 109
広告責任 …………………………… 15	錯誤による無効 ………………… 136

235

酒類の広告宣伝 …………………… 202	出店店舗 …………………………… 223
酒類の容器又は包装に対する表示 … 204	純正 ………………………… 103, 104
差止請求 ………………… 141, 144	商業的価値 ………………………… 144
砂糖不使用 ………………………… 69	浄水器 ……………………………… 45
サブライセンス …………………… 171	肖像権 ……………………… 141, 142
三層構造 …………………………… 6	承諾 ………………………………… 135
産地 ………………………………… 100	承認前の医薬品等の広告の禁止
指圧 ………………………………… 51	………………… 36, 45, 46, 63
自家用広告物 ……………………… 113	消費期限 …………………………… 71
敷地内撮影禁止 …………………… 158	消費者信用の融資費用に関する不当な
士業 ………………………………… 189	表示 …………………………… 186
指示・警告上の欠陥 ……………… 85	消費者団体訴訟制度 ……………… 61
自主規制基準 ……………………… 14	商品 ………………………………… 207
自主的基準 ………………………… 227	商品化権 …………………………… 170
自然 ………………………… 103, 104	商品化権契約 ……………… 170, 171
自然塩 ……………………………… 104	商品広告 …………………… 30, 223
事前確認項目 ……………………… 139	商品等表示 ………… 179, 180, 181
自然にやさしい …………………… 89	商品表示 …………………………… 3
自然卵 ……………………………… 104	商品名 ……………………………… 179
実質的な変更行為 ………… 98, 99	賞味期限 …………………………… 71
指定役務 …………………… 179, 180	食品の産地情報 …………………… 94
指定告示 ………… 10, 92, 221	食品表示基準 ……………………… 103
指定商品 …………………… 179, 180	食品表示基準Ｑ＆Ａ ……………… 95
社会規範 …………………… 8, 227	職務著作 …………………… 159, 176
社会通念 …………………………… 227	食用塩 ……………………………… 104
社会の責任志向 …………………… 2	食用塩の表示に関する公正競争規約
社会との調和 …………… 8, 14, 227	………………………………… 104
射幸性 ……………………………… 196	ショッピングモール ……………… 223
社名公表 …………………… 37, 38	ショッピングモールの運営事業者 … 223
重大な過失 ………………… 135, 136	書面による通知 …………………… 58
周知 ………………………… 161, 181	所有権理論 ………………………… 148
柔道整復師 ………………………… 52	所要時間 …………………………… 101
シュガーレス ……………………… 69	侵害排除義務 ……………………… 171
主観的要件 ………………………… 182	人格権に由来する権利 ……… 145, 148
受信の確認 ………………………… 135	人格的利益 ………………………… 142
出所識別機能 ……………………… 151	新製品 ……………………………… 40
出張買取り ………………………… 110	新発売 ……………………………… 40

索　引

診療所 …………………………… 42	
水産物 …………………………… 96	
推奨広告 ………………………… 220	
推薦 ……………………………… 31	
ステーク・ホルダー ………………… 3	
ステルスマーケティング（ステマ）‥220	
成果報酬型広告 ……………… 206, 208	
性差別に関する禁止 …………… 139	
生産志向 ……………………………… 2	
整水器 ……………………………… 45, 46	
生鮮食品 ………………………… 94	
製造業の表示に関する公正競争規約‥87	
製造上の欠陥 …………………… 85	
製造たばこに係る広告，販売促進活動	
及び包装に関する自主規準 ……… 201	
製造物責任 ……………………… 31	
製造物の欠陥 …………………… 31	
整体 ……………………………… 51, 53	
設計上の欠陥 …………………… 85	
石けんにおける小麦アレルギー ……… 76	
全額返金 ………………………… 54	
専修・各種学校の表示に関する自主規	
約 ………………………………… 195	
専修学校 ………………………… 193	
選択基準 ………………………… 83	
宣伝 ………………………………… 3	
宣伝広告 …………………………… 3	
造形芸術 ………………………… 156	
送信委託者 ……………………… 213	
総付景品 ………………………… 132	
相当期間 ………………………… 122	
属性ターゲティング広告 ……… 210	
措置命令 …………… 11, 38, 92, 223	
そっくりさん …………………… 146	
ソフトロー ……………………… 228	
損害賠償額の予定 ……………… 61	
損害賠償請求 …………… 141, 144	

■た　行

ターゲティング広告 …………… 210	
大会ブランド保護基準 ………… 162	
大学校 …………………………… 193	
対面販売 ………………………… 75	
多重債務者 ……………………… 187	
ただ乗り ………………… 161, 173	
タバクール ……………………… 184	
たばこ製品の包装 ……………… 200	
たばこの規制に関する世界保健機関枠	
組条約 ………………………… 199	
たばこの広告規制 ……………… 200	
男性歓迎 ………………………… 138	
遅延損害金 ……………………… 61	
地球にやさしい ………………… 88, 89	
畜産物 …………………………… 96	
知的財産権者であるライセンサー ‥171	
着点 ……………………………… 101	
中間的な情報 ……………………… 3	
中間的な情報としての機能 ……… 4	
著作者人格権 ……… 142, 154, 169, 173	
著名 ……………………… 161, 181	
著名人でない人 ………………… 146	
著名人の肖像 …………………… 144	
著名な建築物 …………………… 156	
通信販売 ……………… 54, 215, 217	
通路誘導灯 ……………………… 174	
定義告示 ……………………… 3, 130	
定義告示運用基準 ……………… 130	
適格消費者団体による訴訟制度 ……… 19	
適格団体 ………………………… 61	
適正広告自主基準 ……………… 64	
デッド・コピー ………………… 174	
テレビCM ……………… 177, 180	
テレビCMの原版 ……………… 177	
電気通信サービスの広告表示に関する	

237

自主基準及びガイドライン ……… 110
電子商取引及び情報材取引等に関する
　準則 ……………………………… 135
電車やバスの所要時間 ………… 101
店頭買取り ……………………… 110
店頭での量り売り ……………… 75
天然 ………………………… 103, 104
天然塩 …………………………… 104
天然醸造 ………………………… 104
天然卵 …………………………… 104
電話勧誘販売 …………………… 54
動画広告 …………………… 176, 177
動画広告以外 …………………… 176
糖類無添加 ……………………… 69
道路距離 ………………………… 101
道路使用許可 …………………… 112
道路占用の許可 ………………… 112
道路標識 ………………………… 174
特定加工食品ルール …………… 75
特定継続的役務提供 ……… 48, 115, 116
特定原料 ………………………… 74
特定電子メールの送信等に関するガイ
　ドライン ………………………… 214
特定保健用食品 …………… 63, 64
トクホ …………………………… 63
特許公報 ………………………… 184
特許出願中 ………………… 183, 184
徒歩による所要時間 …………… 101
取引協議会 ……………………… 13

■ な　行

名板貸し ………………………… 225
二重価格表示 ……………… 10, 121
入札手数料 ……………………… 217
ねじれ現象 ……………………… 178
熱量 ……………………………… 68
年間広告費 ……………………… 6

農産物 …………………………… 96

■ は　行

排除命令 ………………………… 223
バイブル商法 …………………… 80
バイブル本 ……………………… 80
ぱちんこ営業における広告，宣伝等に
　係る風俗営業等の規制及び業務の適
　正化等に関する法律違反の取締り等
　の徹底について ………………… 196
ぱちんこ業界における広告・宣伝ガイ
　ドライン ………………………… 198
場の提供 …………………… 223, 225
パブリシティ権 …………… 144, 170
パブリシティ権の侵害要件 …… 145
早わかり食品表示ガイド ……… 94
パラダイムシフト ……………… 5
はり ……………………………… 51
パロディ ………………………… 173
販売志向 ………………………… 2
販売促進品 ……………………… 180
比較広告 ………………………… 82
比較広告ガイドライン ………… 82
比較対照価格 …………………… 121
ピクトグラム …………………… 174
美術性を有する建築物 ………… 156
美術の著作物 …………………… 168
非常口のマーク …………… 174, 175
ビタクール ……………………… 184
避難口誘導灯 …………………… 174
ピュアー ………………………… 104
病院 ……………………………… 42
表示 ……………………………… 4, 5
便乗 ………………………… 156, 162
便乗広告 ………………………… 162
便乗商法 ………………………… 162
ファンシフル・キャラクター ……… 168

238

索　引

フィクショナル・キャラクター ……… 168
風刺化 ………………………………… 173
フェーク広告 ………………………… 228
不行使特約 …………………………… 169
不実告知 ……………………………… 57
不実証広告 …………………………… 33
不実証広告規制 …………………… 11, 12
不実証広告規制に関する指針 ……… 33
不動産の表示に関する公正競争規約
　………………………………… 101, 102
不動産の表示に関する公正競争規約施
　行規則 ……………………………… 101
不当表示 ……………………………… 9
不当利得返還 ………………………… 208
不特定多数向けのチラシ …………… 19
不法行為責任 …………………… 30, 31, 38
フリーライド ……… 151, 156, 161, 173
フレーズ ……………………………… 179
ペニーオークション ………… 217, 218
編集著作物 …………………………… 160
返品 …………………………………… 55
返品特約 ……………………………… 55
放送電波 ……………………………… 227
法定書面 ……………………………… 58
訪問購入 ………………………… 110, 111
訪問販売 ………………………… 57, 58
訪問販売企業の自主行動基準 ……… 57
保護期間 ……………………………… 159
募集広告 ……………………………… 139
募集条件表示基準 ……………… 139, 140
ボディコピー …………………… 164, 165

■ま　行

マーク ………………………………… 179
マーケティング ……………………… 2
マッサージ …………………………… 51
未承認医薬品の広告 ………………… 80

民間療法 ……………………………… 51
無果汁 ………………………………… 107
無果汁告示 …………………………… 106
無果汁告示運用基準 ………………… 107
無果汁の清涼飲料水等についての表示
　………………………………………… 106
無公害 ………………………………… 89
無糖 …………………………………… 69
無認可校 ……………………………… 194
無農薬 ………………………………… 78
無農薬栽培 ……………………… 77, 78
迷惑メール …………………………… 213
メーカー希望小売価格 ……………… 122
メニュー・料理等の食品表示に係る景
　品表示法上の考え方について …… 127
専ら ……………………………… 145, 153
物のパブリシティ権 …………… 147, 148

■や　行

薬局医薬品 …………………………… 34
薬局業務運営ガイドライン ………… 42
唯一性を意味する用語 ……………… 109
有機 …………………………………… 78
有機JAS規格 ………………………… 77
有機JAS制度 ………………………… 77
有機JASマーク ………………… 77, 78
有機加工食品 ………………………… 77
有機畜産物 …………………………… 77
有機農産物 …………………………… 77
有権解釈 ……………………………… 13
有利誤認 ……………………………… 9
有利誤認表示の規制 …………… 36, 37
優良誤認 ……………………………… 9
優良誤認表示 …………………… 33, 48
優良誤認表示の規制 …………… 36, 37
容器包装 …………………… 63, 66, 103
容器包装の表示可能面積 …………… 75

239

要指導用医薬品 ……………………… 34

■ら　行

落札手数料 …………………………… 217
ランキングの不正表示 ……………… 195
リスクマネジメント ……………… 8, 227
留意表示項目 ……………………… 139, 140

利用権者であるライセンシー ……… 171
臨床データ …………………………… 34
連鎖販売取引 ………………………… 215
ロゴ …………………………………… 179
ロゴタイプ ……………………… 164, 165
ロゴマーク …………………………… 164
ロダンの「考える人」……………… 154

【編著者】

結城　哲彦（ゆうき　てつひこ）（TY）

　1958年同志社大学法学部卒業，2015年早稲田大学大学院法学研究科博士課程修了　博士（法学）。伊藤忠商事株式会社，有限責任監査法人トーマツ，株式会社宣伝会議顧問などを経て，現在，早稲田大学知的財産法制研究所招聘研究員。主要著作：『信用管理の手引き』（日経文庫），『契約書用語ハンドブック』（中央経済社），『デジタルコンテンツの著作権Q＆A』（中央経済社），『営業秘密の管理と保護』（成文堂）ほか。

【著者】（掲載順）

山本　晴美（やまもと　はるみ）（HY）

　2011年同志社大学法学部卒業，2013年京都大学大学院法学研究科法曹養成専攻修了，2015年弁護士登録（67期）以来，組織内弁護士として勤務。日本組織内弁護士協会では事務次長補佐（編集グループリーダー）として会報誌編集に携わるほか，日本女性法律家協会幹事。主要著作：『法務の技法【OJT編】』（中央経済社）。

磯野　有沙（いその　ありさ）（AI）

　2012年立教大学法学部卒業，2014年早稲田大学大学院法務研究科修了。2016年12月弁護士登録以来，企業内弁護士として勤務。主要著作：『AI・ロボットの法律実務Q＆A』（勁草書房）。

葛和　百合絵（くずわ　ゆりえ）（YK）

　2012年早稲田大学文化構想学部卒業，2014年早稲田大学大学院法務研究科修了。
　2016年弁護士登録以来，企業内弁護士として勤務。

広告表示の法的規制と実務対応Q&A

2019年6月15日　第1版第1刷発行

編著者　結　城　哲　彦
発行者　山　本　　　継
発行所　㈱中　央　経　済　社
発売元　㈱中央経済グループ
　　　　パブリッシング

〒101-0051　東京都千代田区神田神保町1-31-2
電話　03 (3293) 3371 (編集代表)
03 (3293) 3381 (営業代表)
http://www.chuokeizai.co.jp/
印刷／三英印刷㈱
製本／㈲井上製本所

© 2019　TETSUHIKO YUKI
Printed in Japan

＊頁の「欠落」や「順序違い」などがありましたらお取り替えいた
しますので発売元までご送付ください。(送料小社負担)
ISBN978-4-502-30791-1　C3034

JCOPY〈出版者著作権管理機構委託出版物〉本書を無断で複写複製 (コピー) することは，
著作権法上の例外を除き，禁じられています。本書をコピーされる場合は事前に出版者著
作権管理機構 (JCOPY) の許諾を受けてください。
　JCOPY〈http://www.jcopy.or.jp　e メール：info@jcopy.or.jp〉